职业心理素质训练

丁茂芬 编著

21世纪高职高专规划教材·公共基础课系列

清华大学出版社
北京

内 容 简 介

本书主要用于培养高职高专学生的职业心理素质,引导学生正确对待自我、学会交往与适应、解决冲突、进行有效交流与沟通、培养正确的学习心态。通过活动训练来促进学生关注职业心理,形成良好的职业交往准备。

本书分为10个项目,包括职业意识培养、适应与交往训练、团队合作训练、意志力与市场敏感训练、学习力训练、有效表达与接纳训练、压力管理与沟通训练、解决问题能力训练、思考与决策能力训练、成功导向训练。10个项目动静结合、校内校外结合、游戏学习结合,活泼生动,参与性强,互动性强,构成一个完整的系统。每个项目用实施步骤引导操作、用知识点拨引导学习、用案例链接引发思考、用项目体验强化练习、用心灵小语和实训日志提升效果。书中内容的设置突破对场地、器材和训练导师的限制,通俗易懂,便于操作,并且给使用者提供了根据实际情况、具体情境和个体特点进行深化、改进和再创新的空间。

本书既适合作为高职高专相关专业的教材和心理辅导教材,也适合作为企业和培训机构的培训手册。

图书在版编目(CIP)数据

职业心理素质训练/丁茂芬编著. —北京:清华大学出版社,2010.9 (2021.8 重印)

(21 世纪高职高专规划教材. 公共基础课系列)

ISBN 978-7-302-23265-0

Ⅰ.①职…　Ⅱ.①丁…　Ⅲ.①职业-应用心理学-高等学校:技术学校-教材

Ⅳ.①C913.2

中国版本图书馆 CIP 数据核字(2010)第 147558 号

责任编辑:康　蓉
责任校对:刘　静
责任印制:刘海龙

出版发行:清华大学出版社
　　　　　网　　　址:http://www.tup.com.cn, http://www.wqbook.com
　　　　　地　　　址:北京清华大学学研大厦 A 座　　　　　邮　　　编:100084
　　　　　社 总 机:010-62770175　　　　　　　　　　　　邮　　　购:010-62786544
　　　　　投稿与读者服务:010-62776969, c-service@tup.tsinghua.edu.cn
　　　　　质 量 反 馈:010-62772015, zhiliang@tup.tsinghua.edu.cn
印 装 者:三河市龙大印装有限公司
经　　销:全国新华书店
开　　本:185mm×260mm　　　　印　　张:13.5　　　　字　　数:299 千字
版　　次:2010 年 9 月第 1 版　　　　印　　次:2021 年 8 月第 10 次印刷
定　　价:39.00 元

产品编号:036517-03

前言

职业心理素质训练

由于社会竞争不断加剧，人们的生活节奏不断加快、工作压力不断增大，在职场上，人际关系紧张、社会适应性不强、情绪障碍等各种心理健康问题正越来越多地困扰着人们，职业心理健康问题正成为现代人关注的焦点。世界500强企业90%以上建立了EAP(员工帮助计划)，对员工进行心理咨询和行为治疗。在我国，中国职业安全健康协会、各企业的EAP协会也开展了一系列的职业健康调查与辅导工作，为组织与个人的成长提供了心理帮助。我国的职业心理健康教育与培训工作正逐步规范与成熟。

高职高专学生由于特定的知识结构层次，在就业中存在较大心理压力，以就业和需求导向为主的高职高专教育改革逐步深化，客观上要求高职高专院校学生的职业心理素质教育实现动态适应和有效发展。目前，高职高专院校开展职业心理辅导的渠道有职业生涯教育、人才测评、职业心理咨询、就业信息服务等。职业心理素质训练课程是一门专业综合实训课程，通过对学生职业意识和职业能力的训练，综合培养学生的职业心理素质，是高职高专院校职业心理辅导的有力补充，也是专业教育中增加学生软实力的一门课程。

本教材主要面向高职高专学生的心理素质教育，是学生职业心理素质训练课程的配套教材。职业心理素质训练课程主要采用职业能力拓展式的心理辅导方法，对高校学生的自信心、积极的态度、团队合作精神、自我激励、成功心理等心理素质进行训练，同时在活动中培养学生掌握正确的学习方法、思考方法、解决问题的方法。课程力求用心理健康的理论和企业培训的方法，使每个个体在交往中通过观察、学习、体验，认识自我，探讨自我，接纳自我，提高职业心理素质和职业能力，对实际专业学习和职业交往起到很好的引导作用。

教材内容力求新颖生动，经典理论和社会热点相结合，既照顾理论深度，又提高阅读的生动性。在操作层面上，注重活动的实用性，也注重引发对未来职业发展的思考。在体例编排上，以典型的团队拓展培训流程为主线，以团队为活动主体，以项目导向、任务驱动式教学为主要方法设计了10个项目，由浅入深、由易到难、循序渐进。每个项目都结合心理素质和技能素质两方面的内容，注重训练的可操作性，实施方法简单易行，以学生参与操作为主，强调体验学习。每个项目都加入大量学生动脑动手的内容，有机地结合了活动训练过程和活动的思考提升，有效推进了学生的学习积极性。

本教材在编写过程中得到了丽水职业技术学院财贸管理分院王培才院长的大力支持和帮助，还借鉴了国内外有关管理学家、心理专家的学术观点和资料，借鉴了互联网的大量资料，在此一并表示衷心感谢。同时感谢所有关心我、关心课程、关心心理健康的同事和朋友的支持和帮助。

  职业心理素质训练课程在高校中的开设涉及的是一个新的课题,许多问题在实践中尚在探索。由于编者的知识、能力、经验有限,书中难免存在不完善之处,敬请专家与读者批评指正。

编　者

2010 年 5 月

目录

项目1

职业意识培养
——职业心理辅导与测试

实训目标

◇ 了解积极的职业心态在职业发展中的重要价值。

◇ 了解优秀的职业心理素质对个人发展的重要性。

◇ 认识主动、沟通、团队合作、勤奋等职业道德的基本内涵,增进同学们相应的职业道德修养。

◇ 在心理测试与辅导的基础上形成自己的学习目标。

◇ 做好对未来实训的良好心理准备。

项目描述

通过讲解,了解职业心理素质训练课程的目的、特点、实训方法、任务内容、考核办法等相关知识。通过真诚状态下的职业心理相关的个人气质类型、情绪类型、个性成熟度的测试,了解自己的气质类型、情绪特点、个性成熟度,从而更加全面地了解自我,并能清楚自己的优势和劣势。最后通过创作个人激励语,明确今后努力的方向。

实施步骤

步骤一　了解"职业心理素质训练课程"的基本内容

职业心理素质训练课程介绍

1. 开展职业心理素质训练课程的目的

(1) 帮助学生进行自我了解和认识职业环境

认识自我,并对生活中的各种事物进行客观评价是良好心理素质的表现,也是学生接受并解释来自和职业有关各种信息的基本出发点。了解自我包括对职业心理素质中的心理调节系统和职业能力系统的充分认识,知道自己的职业兴趣、爱好、职业气质等与职业选择之间的关系,了解相应职业活动对专业知识、运动技能的要求。同时包括对特定职业的现状和前景的了解,提高学生对未来职业的适应能力。

(2) 培养良好的职业心理素质

良好的职业心理素质可以弥补自身能力、学识方面的某些不足,在职场中获得更多的机会。如正确的职业态度可以引导从业者积极乐观地接受工作中的挑战,良好的职业情商可以积极调动情绪,建立良好的人际环境等。根据现阶段大学生就业存在的一些问题和用人单位对从业者的普遍要求,职业心理素质训练课程的目标是培养学生的创造性、团队合作精神、适应能力和沟通技巧,通过训练来强化职业心理、树立职业意识、提高职业能力、养成职业精神。

（3）引导对职业发展性的认识

职业心理素质虽然具有相对稳定性的特点,但也具有可持续发展的性质和自我衍生的功能,它贯穿于一个人的职业生涯,包括择业心理、就业心理、职业适应等,是在职业活动和实践活动中综合表现出来的心理品质,会随着职业活动的深入而产生变化。在校的职业心理素质训练课程虽然只是一个阶段课程,但通过训练,能让学生对职业有了初步认识后,形成一种意识:职业是发展性的,需要不断丰富自己的能力结构、培养良好的职业心理品质,将人生的价值融入职业生涯中,达到自我实现的目的。

2. 职业心理素质训练课程的特点

（1）实践性。大学生从开学开始,就进行多元化的实践练习。职业心理素质训练课程是一门综合实训课,要求将理论应用于实际,探索未知心理世界和职业世界。课程突出实战性,要求动手、动嘴、动脚、动脑,走入市场,收集数据,在活动中获得知识。

（2）实效性。心理变化具有内隐性、模糊性等特点,所以心理辅导的效果一般很难测量。如果学生在活动中主动性不强、积极性不高,就难以达到效果。所以在课程设置的时候,就从浅入深、由易到难设计训练项目,活动以团队为主体,运用角色扮演等方法,使老师和学生建立民主友好关系,强调生动、活泼、自由的氛围。在活动中学生主动参与、融入群体、接纳自我和他人,强化从意识到行为的调适。

（3）实用性。职业心理素质具有鉴别功能,不同职业对从业者的要求不同,同时职业心理素质制约着职业活动的各个层面,对职业活动具有调节和导向功能。所以,职业心理素质训练强调实用性。通过总结归纳,本课程重点培养学生创造性思维、团队合作精神、自信心、与人沟通技巧等,并设置操作性较强的活动,对实际专业学习和职业交往具有很好的指导作用。

3. 职业心理素质训练课程的方法

职业心理素质训练属于职业能力拓展式的心理辅导,主要采用团队辅导的方法,如团队游戏、小组讨论、角色扮演、实战训练等,在团队情境中提供心理上的指导和帮助,重在体验中学习。通过 10 个项目的学习,促使团队中的每个个体在交往中通过观察、学习、体验,认识自我、探讨自我、接纳自我,提高职业心理素质和就业能力。

4. 职业心理素质训练课程的考核办法

由于职业心理素质训练兼顾心理特点和职业技能两方面内容,实训过程具有较强的实践性,是一个渐进学习的过程,其中包括了训练过程的表现和学生训练后的自我感悟。综合考虑这些因素,考核内容不宜过多量化描述。但是,为了使学生在课程训练中有更明确的目标,本着训练出效果的原则,根据实训内容和教学安排,制定如下指导性考核办法。

（1）成绩的构成:实训成绩评定包括五方面内容。一是实训手册的记录,包括每个项目学生完成情况和心理体会,占总分的 15%;二是团队总分,以各项目团队成绩构成,占总分的 35%;三是组长评分,包括考勤和努力程度、团队贡献等,占总分的 15%;四是企业评分,有分项和总评,占总分的 15%（见"项目 7 新客户拜访"）;五是教师评分,占总分的 20%。评价总分为 100 分,其中 90～100 分为优,80～89 分为良,70～79 分为中,60～69 分为及格,59分以下为不及格。评分主体涉及学生个体、同伴、教师、社会和团队绩效,较综合地反映了一个人的综合素质。

(2) 成绩计算说明:实训手册记分在所有项目完成后,上交给教师,教师根据手册的记录完整情况、认真程度,给予打分;团队总分以每个项目团队成绩来记分,团队成绩可以以奖励的形式出现,如项目第一名获得 3 个奖励,第二名获得 2 个奖励,第三名获得 1 个奖励。奖励的形式可以自由选择,如选择苹果、徽章、小彩旗等。

(3) 对受训学生的要求:主动参加训练;全情投入训练,尊重并接纳同伴;愿意倾听他人意见;遵守训练时间,不迟到早退,不无故中途退场;不在训练过程中接打手机;不做与训练无关的事情;完成团队工作。

(4) 对训练教师的要求:游戏、讨论题目、模拟项目设计合理,示范准确;在培训过程中,精力充沛、精神饱满,组织和引导得力;在培训过程中,熟练控制局面,充分发挥协调和促进作用。

5. 课程设计的注意点

(1) 在课程设计上要兼顾职业和心理两方面内容,专业教师和心理辅导教师共同参与模块具体细则的探讨,突出职业能力和健康心理的要求。

(2) 在训练全过程中要适时点拨、及时引导。学生的心理感悟受环境、同伴等影响比较大,有时内心变化不易被察觉,所以要适当进行点拨,但以积极引导为主。

步骤二　了解个人气质类型特征和气质与职业的关系

一、气质类型测验

如表 1-1 所示的 59 道题可以帮助你大致确定自己的气质类型。

表 1-1　气质类型测试题

序号	问　题	很符合	比较符合	不确定	比较不符合	完全不符合
1	做事力求稳妥,一般不做无把握的事					
2	遇到可气的事就怒不可遏,把心里话全说出来才痛快					
3	宁可一个人干事,不愿很多人在一起					
4	到一个新环境很快就能适应					
5	厌恶那些强烈的刺激,如尖叫、噪声、危险镜头等					
6	和人争吵时,总是先发制人,喜欢挑剔别人					
7	喜欢安静的环境					
8	善于和人交往					
9	羡慕那种善于克制自己感情的人					

序号	问　　题	很符合	比较符合	不确定	比较不符合	完全不符合
10	生活有规律,很少违反作息时间					
11	在多数情况下情绪是乐观的					
12	碰到陌生人觉得很拘束					
13	遇到令人气愤的事,能很好地自我克制					
14	遇到问题总是举棋不定、优柔寡断					
15	在人群中从不觉得过分拘束					
16	情绪高昂时,觉得干什么都有趣;情绪低落时,又觉得干什么都没有意思					
17	当注意力集中于一事物时,别的事很难使我分心					
18	埋解问题总比别人快					
19	碰到危险情境,常有一种极度恐惧感					
20	对学习、工作,怀有很高的热情					
21	能够很长时间做枯燥、单调的工作					
22	符合兴趣的事情,干起来劲头十足,否则就不想干					
23	一点儿小事就能引起情绪波动					
24	讨厌那种需要耐心、细致的工作					
25	与人交往不卑不亢					
26	喜欢参加剧烈的活动					
27	爱看感情细腻、描写人物内心活动的文学作品					
28	工作学习时间长了,常感到厌倦					
29	不喜欢长时间讨论一个问题,愿意实际动手干					
30	宁愿侃侃而谈,不愿窃窃私语					
31	别人总是说我闷闷不乐					
32	理解问题常比别人慢些					
33	疲倦时只要短暂的休息就能精神抖擞,重新投入工作					
34	心里有话宁愿自己想,不愿说出来					
35	认准一个目标就希望尽快实现,不达目的,誓不罢休					
36	学习、工作同样一段时间后,常比别人更疲倦					
37	做事有些莽撞,常常不考虑后果					
38	教师或他人讲授新知识、技术时,总希望他讲得慢些,多重复几遍					

续表

序号	问　　题	很符合	比较符合	不确定	比较不符合	完全不符合
39	能够很快地忘记那些不愉快的事情					
40	做作业或完成一件工作总比别人花时间多					
41	喜欢运动量大的剧烈体育运动,或者参加各种文艺活动					
42	不能很快地把注意力从一件事转移到另一件事上去					
43	接受一个任务后,就希望把它迅速解决					
44	认为墨守成规比冒风险强些					
45	能够同时注意几件事物					
46	当我烦闷的时候,别人很难使我高兴起来					
47	爱看情节起伏跌宕、激动人心的小说					
48	对工作抱认真严谨、始终一贯的态度					
49	和周围人的关系总是相处不好					
50	喜欢复习学过的知识,重复做能熟练做的工作					
51	希望做变化大、花样多的工作					
52	小时候会背的诗歌,似乎比别人记得清楚					
53	别人说我"出语伤人",可我并不觉得这样					
54	在体育活动中,常因反应慢而落后					
55	反应敏捷、头脑机智					
56	喜欢有条理而不甚麻烦的工作					
57	兴奋的事常使我失眠					
58	教师讲新概念,常常听不懂,但是弄懂了以后很难忘记					
59	假如工作枯燥无味,马上就会情绪低落					

计分方法:

很符合自己情况的记 2 分,比较符合的记 1 分,不确定的记 0 分,比较不符合的记－1分,完全不符合的记－2分,将每一题的得分填入表 1-2 中,并计算各单项得分。

表 1-2　气质类型测验答卷

胆汁质	题号	2	6	9	14	16	20	26	30	35	37	41	47	49	53	57	总分
	得分																
多血质	题号	4	8	11	15	18	22	24	28	33	39	43	45	51	55	59	总分
	得分																

黏液质	题号	1	7	10	13	17	21	25	29	32	38	42	44	48	54	56	总分
	得分																
抑郁质	题号	3	5	12	14	19	23	27	31	34	36	40	46	50	52	58	总分
	得分																

结果解释：

（1）如果某一项或某两项的得分超过 20 分，则为典型的该气质，例如胆汁质项超过 20 分，则为典型的胆汁质；如果黏液质和抑郁质项得分都超过 20 分，则为典型黏液—抑郁质混合型。

（2）如果某一项或某两项以上得分在 20 分以下、10 分以上，其他各项得分较低，则为该项一般气质。例如，一般多血质；一般胆汁质—多血质混合型。

（3）若各项得分都在 10 分以下，但某项或某几项得分较其余项为高（相差 5 分以上），则为略倾向于该项气质（或几项混合）。例如，略偏黏液质型；多血质—胆汁质混合型。

（4）其余类推。

一般来说，正分值越高，表明被试者越具有该项气质的典型特征；反之，分值越低或越负，表明越不具备该项特征。

典型的四种气质类型特征分别下。

1. 胆汁质

胆汁质的人反应速度快，具有较高的反应性与主动性。这类人情感和行为动作产生得迅速而且强烈，有极明显的外部表现；性情开朗、热情、坦率，但脾气暴躁，好争论；情感易于冲动但不持久；精力旺盛，经常以极大的热情从事工作，但有时缺乏耐心；思维具有一定的灵活性，但对问题的理解具有粗枝大叶、不求甚解的倾向；意志坚强、果断勇敢，注意力稳定而集中但难以转移；行动利落而又敏捷，说话速度快且声音洪亮。

2. 多血质

多血质的人行动具有很高的反应性。这类人情感和行为动作发生得很快，变化得也快，但较为温和；易于产生情感，但体验不深，善于结交朋友，容易适应新的环境；语言具有表达力和感染力，姿态活泼，表情生动，有明显的外倾性特点；机智灵敏，思维灵活，但常表现出对问题不求甚解；注意力与兴趣易于转移，不稳定；在意志力方面缺乏忍耐性，毅力不强。

3. 黏液质

黏液质的人反应性低。情感和行为动作进行得迟缓、稳定、缺乏灵活性；这类人情绪不易发生变化，也不易外露，很少产生激情，遇到不愉快的事也不动声色；注意力稳定、持久，但难以转移；思维灵活性较差，但比较细致，喜欢沉思；在意志力方面具有耐性，对自己的行为有较大的自制力；态度持重，好沉默寡言，办事谨慎细致，从不鲁莽，但对新的工作较难适应，行为和情绪都表现出内倾性，可塑性差。

4. 抑郁质

抑郁质的人有较高的感受性。这类人情感和行为动作进行得都相当缓慢、柔弱;情感容易产生变化,而且体验相当深刻,隐晦而不外露,易多愁善感;往往富于想象,聪明且观察力敏锐,善于观察他人观察不到的细微事物,敏感性高,思维深刻;在意志方面常表现出胆小怕事、优柔寡断,受到挫折后常心神不安,但对力所能及的工作表现出坚忍的精神;不善交往,较为孤僻,具有明显的内倾性。

在现实生活中,并不是每个人的气质都能归入某一气质类型。除少数人具有某种气质类型的典型特征之外,大多数人都偏于中间型或混合型,也就是说,他们较多地具有某一气质类型的特点,同时又具有其他气质类型的一些特点。

一般来说,在抑郁质项得分偏高,被试者容易产生心理困扰或不适应;而典型胆汁质—抑郁质混合型的人面临挫折时,可能比其他气质类型的人有更明显、强烈的反应。

二、气质与职业的关系

尽管气质没有好坏之分,但气质却能影响一个人的工作效率。特别是在一些身心需要承受高度紧张的职业中,气质不仅关系到工作的效率,还关系到事业的成败。如果在职业的选择过程中,能考虑到自己的气质类型而选择与其相适的职业,就更能发挥优势与特长,取得更大的成就。

心理学家荣格认为,一个内倾型的人想要成为一名汽车推销员或者一个外倾型的人想要成为一名会计,都是很难办到的。感觉型的人可以成为一名很好的警察、消防员,却不能成为一名优秀的教师。直觉型的人可以成为很好的修理工、故障检修员,却不能成为固定生产线上反复做同一种工作的工人。情感型的人应该避免从事要求具备抽象思维能力的工作,思维型的人则应该避免从事需要丰富情感的职业。对于各种气质类型的人,如何根据气质特点进行职业选择,可参考以下内容。

1. 胆汁质型

胆汁质型又称为不可抑制型,属于战斗类型。这种人适合做刺激性大而富于挑战的工作,如导游、节目主持人、推销员、演员、模特等。胆汁质的人不适合做整天坐在办公室或不走动的工作。

2. 多血质型

多血质型又称为活泼型,属于敏捷好动的类型。多血质人的职业选择较广泛,如管理、导游、外交、公安、军官、新闻工作、服务、咨询等。多血质的人不适合做细致单调、环境过于安静的工作。他们不适宜从事音调机械的工作和要求细致的工作。

3. 黏液质型

黏液质型又称为安静型,属于缄默而沉静的类型。这种类型的人适合做管理人员、办公室文员、会计、出纳、播音员、法官、调解人员、外科医生等。黏液质的人不适合做富于变化和挑战性大的工作。

4. 抑郁质型

抑郁质型又称为易抑制型,属于呆板而羞涩的类型。这种类型的人适合做打字员、校对员、检查员、化验员、数据登记人员、文字排版人员、机要秘书、保管员、保育员、研究人员等。抑郁质的人不适合做须与各色人物打交道、变化多端、大量消耗体力和脑力的工作。

管理类专业的领导者应该具备哪些气质呢？有相关研究表明，作为一名管理人才，外向的气质对他完成本职工作是一个有利的因素。外倾强烈的人，在需要手部动作灵活、语言反应迅速、判断快速果断的工作岗位上，比内倾的人更具有相对的优势，而在需要精细、认真、持久的工作岗位上，性格内向又更合适一些。

气质是人们个性中最稳定的因素，在选择职业时，一定要注意自己的气质类型。特别是在一些特殊职业中，例如政府机要人员、公关人员、飞行员等，气质类型也是录用员工的重要标准之一。

思考：

你的气质类型特点。

_____

_____

_____

在学习和生活中，你认为自己需要提升的地方有哪些？

_____

_____

_____

_____

步骤三　了解个人情绪类型特征和情绪与职业的关系

一、情绪类型测试题

下面有 30 道情绪自测题，每题有 A、B、C 三个选项，请你仔细审读，弄清楚每一道题的意思，然后以最快的速度诚实作答，每题只选一项。

1. 你在看电影时会哭或觉得想要哭吗？（　　）

    A. 经常　　　　　　　　B. 有时　　　　　　　　C. 从不

2. 你在咖啡店里要了杯咖啡，这时发现邻座有一位姑娘在哭泣，你会怎样？（　　）

    A. 想说些安慰的话，但却羞于启口

    B. 问她是否需要帮助

    C. 换个座位远离她

3. 一个刚相识的人对你说了一些恭维话，你的反应如何？（　　）

A. 感到窘迫

B. 谨慎地观察对方

C. 非常喜欢听,并开始喜欢对方

4. 遇到朋友时,你经常怎样做?(　　)

    A. 点头问好　　　　　　B. 微笑、握手和问候　　　C. 拥抱他们

5. 对于信件或纪念品,你会如何处理?(　　)

A. 刚刚收到就无情地扔掉

B. 保存多年

C. 两年清理一次

6. 在朋友家聚餐之后,朋友和其爱人激烈地吵了起来,你会怎样做?(　　)

A. 觉得不快,但无能为力

B. 立即离开

C. 尽力劝和

7. 如果让你选择,你更愿意(　　)。

A. 同许多人一起工作并亲密接触

B. 和少许人一起工作

C. 独自工作

8. 同一个很羞怯或紧张的人说话时,你会(　　)。

    A. 因此感到不安　　　B. 觉得逗他说话很有趣　　C. 有点生气

9. 在一场特别好的演出结束后,你会(　　)。

    A. 用力鼓掌　　　　　　B. 勉强地鼓掌　　　　　C. 加入鼓掌,但觉得很不自然

10. 一位朋友误解了你的行为,并且正在生你的气,你会怎样?(　　)

A. 尽快联系,做出解释

B. 等朋友自己清醒过来

C. 等待一个好机会再联系,但对误解的事不做解释

11. 你曾毫无理由地感到害怕吗?(　　)

    A. 经常　　　　　　　　B. 偶尔　　　　　　　　C. 从不

12. 你喜欢的孩子是下列哪一种?(　　)

A. 很小而且有些可怜巴巴的

B. 长大了些的

C. 能同你谈话,并且形成了自己个性的

13. 当你为解闷而读书时,你喜欢(　　)。

A. 读史书、秘闻、传记类

B. 读历史小说、社会问题小说

C. 读幻想小说、荒诞小说

14. 去外地时,你会(　　)。

A. 为亲戚们的平安感到高兴

B. 陶醉于自然风光

C. 希望去更多的地方

15. 如果在车上有陌生人要你听他讲自己的经历,你会怎样?(　　)

    A. 显示你颇有兴趣　　　B. 真的很感兴趣　　　　　C. 打断他,做自己的事

16. 你是否因内疚或痛苦而后悔?(　　)

    A. 是的,一直很久　　　B. 偶尔后悔　　　　　　C. 从不后悔

17. 你是否想过给报纸的问题专栏写稿?(　　)

    A. 绝对没想到　　　　B. 或许想过　　　　　　C. 想过

18. 当被问及私人问题时,你会怎样?(　　)

    A. 感到不快活和气愤,拒绝回答

    B. 平静地说你不愿意回答

    C. 虽然不快,但还是回答了

19. 你怎样处置不喜欢的礼物?(　　)

    A. 立即扔掉

    B. 热情地保存起来

    C. 藏起来,仅在赠者来访时才摆出来

20. 你对示威游行、宗教仪式的态度如何?(　　)

    A. 冷淡　　　　　　　B. 感动得流泪　　　　　C. 感到窘迫

21. 一只迷路的小猫闯进你家,你会怎么办?(　　)

    A. 收养并照顾它

    B. 扔出去

    C. 想给它找个主人,找不到就让它安乐死

22. 你在怎样的情况下会送礼物给朋友?(　　)

    A. 仅仅在新年和过生日时

    B. 全凭兴趣

    C. 你觉得有愧或有求于他们时

23. 如果你因家事不快,上班时你会(　　)。

    A. 继续不快,并显露出来

    B. 工作起来就把烦恼丢在一边

    C. 尽量理智,但仍因压不住怒火而乱发脾气

24. 你对恐怖影片态度如何?(　　)

    A. 不能忍受　　　　　B. 害怕　　　　　　　　C. 很喜欢

25. 爱人抱怨你花在工作上的时间太长了,你会怎么办?(　　)

    A. 解释说这是为了你们两人的共同利益,然后仍像以前那样去做

    B. 试图把时间更多地花在家庭上

    C. 对两方面的要求感到矛盾,并试图使两方面都让人满意

26. 生活中的一个重要关系破裂了,你会(　　)。

    A. 感到伤心,但尽可能正常生活

    B. 至少在短时间内感到心痛

C. 无法摆脱忧伤的心情

27. 以下哪种情况与你相符?(　　)

　　A. 很少关心他人的事

　　B. 关心熟人的生活

　　C. 爱听新闻,关心别人的生活细节

28. 下面哪种情况与你最相符?(　　)

　　A. 十分留心自己的感情

　　B. 总是凭感情办事

　　C. 感情没什么要紧,结局才最重要

29. 看到路对面有一个熟人时,你会(　　)。

　　A. 走开

　　B. 招手,如对方没有反应就走开

　　C. 走过去问好

30. 当拿到母校的一份刊物时,你会(　　)。

　　A. 通读一遍后扔掉

　　B. 仔细阅读,并保存起来

　　C. 不看就扔进垃圾筒

计分方法:

将你的答案填入表 1-3 中,并对应表 1-4 中各题的分值,统计你的得分。

表 1-3　情绪类型测试题答题卡

题号	答案	得分	题号	答案	得分	题号	答案	得分	题号	答案	得分
1			9			17			25		
2			10			18			26		
3			11			19			27		
4			12			20			28		
5			13			21			29		
6			14			22			30		
7			15			23			合计得分:		
8			16			24					

表 1-4　情绪类型测试题分值卡

题号	A	B	C	题号	A	B	C	题号	A	B	C
1	3	2	1	7	3	2	1	13	1	2	3
2	2	3	1	8	2	3	1	14	1	3	2
3	2	1	3	9	3	1	2	15	3	2	1
4	1	2	3	10	3	1	2	16	3	2	1
5	1	3	2	11	3	2	1	17	1	2	3
6	2	1	3	12	3	1	2	18	3	1	2

题号	A	B	C	题号	A	B	C	题号	A	B	C
19	1	3	2	23	3	1	2	27	1	2	3
20	1	3	2	24	1	3	2	28	2	3	1
21	3	1	2	25	1	3	2	29	1	2	3
22	1	3	2	26	2	3	1	30	2	3	1

结果解释:

(1) 30～50分:理智型。很少因什么事而激动,表现出很强的克制力甚至冷漠;对他人的情绪缺乏反应,感情生活平淡而拘谨,因此常会听到别人在背后说你是"冷血动物"。你需要放松自己。

(2) 51～69分:平衡型。情绪基本保持在有感情但不感情用事、克制但不过于冷漠的状态;即使在很恶劣的情绪下握起拳头,也仍能从冲动情绪中摆脱出来。因此,很少与人争吵,感情生活十分愉快、轻松。

(3) 70～90分:冲动型。非常情绪化,易激动,反应强烈;往往十分随和、热情,或者感情脆弱、多愁善感;可能常会陷入那种短暂的风暴似的感情纠纷中。因此,麻烦百出,别人若想劝你冷静,是件很难的事。这里有必要提醒你,一定要克制自己。

二、情绪与职业关系

情绪是人与生俱来的一种心理反应,如喜、怒、哀、乐,易随情境变化。人在日常生活中难免会出现好情绪和坏情绪,情绪在人性中是最具"变数"的因素,好情绪能传染人,这是一种心理暗示,好情绪有助于形成良好的工作氛围,提高生产效率。不好的情绪有碍工作效率的提高,甚至产生负面作用。

对于管理者来说,有必要进行情绪管理。对情绪的识别、情绪的控制、情绪的唤醒和情绪的互动称为情商,是人自我情绪理解和管理的能力,以及体察别人的情绪、与别人沟通和相处的能力。

认清自己情绪的力量,发挥理性的控制作用,才能实现情绪反应与表现的均衡适度,以确保情绪与环境相适应。在职场中,保证睡眠、亲近自然、经常运动、合理饮食等良好习惯都有助于好情绪的形成,你还有更好的建议吗?

思考:

你的情绪特点:

_____

_____

_____

你调整自我情绪的办法:

_____

_____

_____

_____

步骤四　了解个人个性成熟度和个性成熟度与职业的关系

一、个性成熟度测试题

下面有 25 道题,每道题都有 5 个备选答案。请根据自己的实际情况,仔细审题,每道题只能选择一个答案。请注意这是测验你的实际想法和做法,而不是问你哪个答案最正确。因此请不要猜测"正确的"答案,以免测验结果失真。

1. 我所在单位的领导(或学校的老师)对待我的态度是(　　)。

　　A. 老是吹毛求疵地批评我

　　B. 我一做错什么事,马上就批评我,从不表扬我

　　C. 只要我不犯错误,他们就不会指责我

　　D. 他们说我工作和学习还是勤恳的

　　E. 我有错误他们就批评,我有成绩他们就会表扬

2. 如果在比赛中我或我的一方输了,我通常的做法是(　　)。

　　A. 研究输的原因,提高技术,争取以后赢

　　B. 对获得胜利的一方表示赞赏

　　C. 认为对方没啥了不起,在别的方面自己(或自己一方)比对方强

　　D. 认为对方这次赢的原因微不足道,很快就忘了

　　E. 认为对方这次赢的原因是运气好,下次自己运气好的话也会赢对方

3. 当生活中遇到重大挫折(如高考落榜、失恋)时,便会感到(　　)。

　　A. 自己这辈子肯定不会幸福

　　B. 我可以在其他方面获得成功,加以补偿

　　C. 我决心不惜任何代价,一定要实现自己的愿望

　　D. 没关系,我可以更改自己的计划或目标

　　E. 我认为自己本来就不应当抱有这样高的期望或抱负

4. 别人喜欢我的程度是(　　)。

　　A. 有些人很喜欢我,其他人一点儿也不喜欢我

　　B. 一般都有点儿喜欢我,但都不以我为知己

　　C. 没有人喜欢我

　　D. 许多人都在一定程度上喜欢我

　　E. 我不知道

5. 我对谈论自己受挫折经历的态度是(　　)。

　　A. 只要有人对我受挫折的经历感兴趣,我就告诉他

　　B. 如果在谈话中涉及,我就无所顾忌地说出来

　　C. 我不想让别人怜悯自己,因此很少谈到自己受挫的经历

　　D. 为了维护自尊,我从不谈自己受挫折的经历

　　E. 我感到自己似乎没有遇到过什么挫折

6. 通常情况下，与我意见不相同的人都是（   ）。
   A. 想法古怪，难以理解的人
   B. 缺乏文化知识修养的人
   C. 有正当理由坚持自己看法的人
   D. 生活背景和我不同的人
   E. 知识比我丰富的人

7. 我在游戏或竞赛中喜欢遇到的对手是（   ）。
   A. 技术很高超的人，让我有机会向他学习
   B. 比我技术略高些的人，这样玩起来兴趣更高
   C. 显然技术比我差的人，这样我就可以轻松地赢他，显示自己的实力
   D. 和我技术不相上下的人，这样可以在平等的基础上展开竞争
   E. 一个有比赛道德的人，不管他的技术水平如何

8. 我喜欢的社会环境是（   ）。
   A. 比现在更简单、更平静的社会环境
   B. 就像现在这样的社会环境
   C. 稳步向好的方面发展的社会环境
   D. 变化很大的社会环境，使我能利用这机会发展自己
   E. 比现在更富裕的社会环境

9. 我对待争论的态度是（   ）。
   A. 随时准备进行激烈争论
   B. 只对自己有兴趣的问题，才喜欢争论
   C. 我很少与人争论，喜欢自己独立思考各种观点的正确与否
   D. 我不喜欢争论，尽量避免之
   E. 我不讨厌争论

10. 受到别人批评时，我通常的反应是（   ）。
    A. 分析别人为什么批评我，自己在哪些地方有错
    B. 保持沉默，对他记恨在心
    C. 也对他进行批评
    D. 保持沉默，毫不在意，过后置之脑后
    E. 如果我认为自己是对的，就为自己辩护

11. 我认为亲属的帮助对一个人事业成功的影响是（   ）。
    A. 总是有害的，这会使他在无人帮助的时候面对困难一筹莫展
    B. 通常是弊大于利，常常帮倒忙
    C. 有时会有帮助，但这不是必需的
    D. 为了获得事业成功，这是必需的
    E. 在一个人刚从事某一职业时有帮助

12. 我认为对待社会生活环境的正确态度是（   ）。
    A. 使自己适应周围的社会生活环境

B. 尽量利用生活环境中的积极因素发展自己

C. 改造生活的不良因素,使生活环境变好

D. 遇到不良的社会生活环境,就下决心脱离这个环境争取调到别的地方去

E. 自顾生活,不管周围生活环境是好是坏

13. 我对死亡的态度是( )。

A. 从来不考虑死的问题

B. 经常想到死,但对死不十分害怕

C. 把死看做是必然要发生的事情,平时很少想到

D. 我每次想到死就十分害怕

E. 一点儿不怕,认为自己死了就轻松了

14. 为了让别人对自己有好的印象,我的做法是( )。

A. 在未见面时就预先想好自己应当怎样做

B. 虽很少预先准备,但在见面时经常注意给人一种好的印象

C. 很少考虑应给人一个好的印象

D. 我从来不做预先准备,也讨厌别人这么掩盖自己的本来面目

E. 有时为了工作和生活上的特殊需要,认真考虑如何给人以良好的印象

15. 我认为要使自己生活得愉快而有意义,就必须生活在( )。

A. 关系融洽的亲属们中间

B. 有知识的人们中间

C. 志同道合的朋友们中间

D. 为数众多的亲戚、同学和同事们中间

E. 不管生活在什么人中间都一样

16. 在工作或学习中遇到困难时,我通常是( )。

A. 向比我懂得多的人请教

B. 只向我的好朋友请教

C. 我总是尽自己最大努力去解决,实在不行,才去请求别人的帮助

D. 我几乎从不请求别人来帮助

E. 我找不到可以请教的人

17. 当自己的亲人错误地责怪我时,我通常是( )。

A. 很反感,但不吱声

B. 为了家庭和睦,违心地承认自己做错了事

C. 当即发怒,并进行争论,以维护自己的自尊

D. 不发怒,耐心地解释和说明

E. 一笑了之,从不放在心上

18. 在与别人的交往中,我通常是( )。

A. 喜欢故意引起别人对自己的注意

B. 希望别人注意我,但想不明显地表示出来

C. 喜欢别人注意我,但并不主动去追求这一点

D. 不喜欢别人注意我

E. 对于是否会引人注意,我从不在乎

19. 外表对我来说( )。

    A. 非常重要,常花很多时间修饰自己的外表

    B. 比较重要,常花不多时间作修饰

    C. 不重要,只要让人看得过去就行了

    D. 完全没有重要性,我从不修饰自己的外表

    E. 重要是重要,但我花在修饰上的时间不多

20. 我喜欢与之经常交往的人通常是( )。

    A. 异性,因为他们(或她们)更容易相处

    B. 同性,因为他们(或她们)与我更合得来

    C. 和我合得来的人,不管他们与我的性别是否相同

    D. 我不喜欢与家庭以外的人多交往

    E. 我只喜欢与少数合得来的同性朋友交往

21. 当我必须在大庭广众之下讲话时,我总是( )。

    A. 会因发窘而讲不清话

    B. 尽管不习惯,但还是做出泰然自若的样子

    C. 我把这看成是一次考验,毫不畏惧地去讲

    D. 我喜欢对大家讲话

    E. 坚决推辞,不敢去讲话

22. 我对用相面、测字来算命的看法是( )。

    A. 我发现算命能了解过去和未来

    B. 算命人多数是骗子

    C. 我不知道算命到底是胡说,还是确实有道理

    D. 我不相信算命能知道人的过去和未来

    E. 尽管我知道算命是迷信,但还是半信半疑

23. 在参加小组讨论会时,我通常是( )。

    A. 第一个发表意见

    B. 只对自己了解的问题才发表看法

    C. 除非我说的话比别人有价值,我才发言

    D. 从来不在小组会上发言

    E. 虽然不带头发言,但总是要发言的

24. 我对社会的看法是( )。

    A. 社会上到处都有丑恶的东西,我希望能逃避现实

    B. 在社会上生活,要想永远保持正直、清白是很难的

    C. 社会是人生的大舞台,我很喜欢研究社会现象

    D. 我不想去了解社会,只希望自己能生活得愉快

    E. 不管生活环境如何,我都要努力奋斗,无愧于自己的一生

25. 当我在生活道路上遇到考验(如参加高考、承担冒风险的工作)时,我总是(　　)。
   A. 很兴奋,因为这能体现我的力量
   B. 视作平常小事,因为我已经习惯了
   C. 感到有些害怕,但仍硬着头皮去顶
   D. 很害怕失败,常放弃尝试
   E. 听从命运的安排

计分方法:

将你的答案填入表 1-5 中,并对应表 1-6 中各题的分值,统计你的得分。计分过程中,负分数与绝对值相等的正分数可以相互抵消。这个得分就是你的个性成熟度指数。

表 1-5　个性成熟度测试题答题卡

题号	答案	得分	题号	答案	得分	题号	答案	得分	题号	答案	得分
1			8			15			22		
2			9			16			23		
3			10			17			24		
4			11			18			25		
5			12			19					
6			13			20			合计得分:		
7			14			21					

表 1-6　个性成熟度测试题分值卡

题号	选项					题号	选项				
	A	B	C	D	E		A	B	C	D	E
1	−3	−2	+4	0	+6	14	−1	+8	0	−3	+4
2	+4	0	−3	+8	−4	15	0	+6	+4	−2	−4
3	−4	+10	0	+5	−3	16	+8	0	+4	−2	−4
4	0	+3	−3	+8	−2	17	−1	0	−4	+8	+4
5	−3	+8	+4	−2	0	18	−2	0	+8	−3	+4
6	−3	−2	+8	+4	0	19	−2	+6	0	−3	+4
7	−2	+6	−3	0	+8	20	−2	0	+8	−3	+4
8	−5	0	+6	+4	−3	21	−1	+4	0	+2	−4
9	−4	+8	0	−2	+3	22	−5	+3	−2	+10	0
10	+8	−4	−4	0	+4	23	+8	0	−1	−4	+4
11	−2	0	+8	−4	+6	24	−3	−2	+6	0	+10
12	−2	+4	+8	−4	+6	25	+4	+8	0	−4	−1
13	0	+2	+10	−4	−3						

结果解释:

表上每道题目的 5 个答案中,得分为正值的答案代表处理该问题时的合理做法。得分越高,说明该做法越妥当,是个性成熟者的通常做法。相反,得分为负值的答案代表了不妥当或幼稚的做法,反映了个性的不成熟。因此,你可以观察一下你在每道题目上的得分,看看自己在哪些题目上的得分较高,则自己在处理那些问题上较为成熟和老练;自己在哪些题目上得了负分数,则自己在处理那些问题时还不成熟,并找到较为妥当的做法。经过这样仔细的分析,你可以看出自己处理社会生活问题的长处和短处,使自己尽快地成熟起来。

总分可以用来判断人整体的个性成熟程度。总分越高,说明你的个性越成熟;总分越低,说明个性越不成熟,具体的个性成熟程度的划分,可参考以下几条。

(1)测验总分在 150 分以上,这说明你是个很成熟老练的人。凡个性成熟的人,都掌握一套行之有效的适应社会的方法。他们知道怎样妥善地处理个人所遇到的各种社会问题。他们能准确地判断、处理一个问题,哪些方式是有效的,哪些方式会造成不良的后果,从而选择一种最佳的处理方法。他们常常成为别人讨教和仿效的对象。

个性成熟的人大多有丰富的经历,有大量过去失败的教训或成功的经验可供参考。但是,个性成熟的程度并不一定与人的年龄成正比。

(2)测验总分在 100～149 分,这说明你是较为成熟的人。在大部分事情的处理上你是很得体的。你能够很好地适应社会,建立起良好的人际关系。

(3)测验总分在 50～99 分,这说明你的个性成熟程度属于中等水平。你的个性具有两重性:一半是老练,另一半是幼稚的。还需要在社会生活实践中成熟起来。

(4)测验总分在 0～49 分,这说明你的个性还欠成熟。你还不善于处理社会生活中的各种问题和矛盾,不善于观察影响问题的各种复杂因素,不能准确地预见自己行为的结果,还不能很好地适应复杂的社会生活。

如果你的测验总得分是负数,说明你还十分幼稚,处理社会生活问题很不成熟。你喜欢单凭个人粗浅的直觉印象和一时的感情行事,好冲动、莽撞、不识大体。或者相反,即遇事退缩不前,生怕出头露面,孤独而自卑。很容易得罪人,也容易被人欺骗,在社会生活中到处碰壁,无法实现自己的理想和目标。这种状况与现代社会生活的要求很不适应,你必须设法使自己尽快地成熟起来。

二、个性成熟度与职业的关系

个性是指一个人在其生活、实践活动中经常表现出来的、比较稳定的、带有一定倾向性的个体心理特征的总和,是一个人区别于其他人的独特的精神面貌和心理特征。个性对于一个人的活动、生活具有直接的影响。个性与职业的匹配程度在职业发展过程中有着重要作用。成熟是一个常常与时间、年龄联系在一起的词,但是人的个性却并不一定随着人年龄的增长而自然成熟。相反,有时年龄的增长可能给个性的成熟造成难度,或者是导致个性的变化,或者优化变得更加难以实现。相对来讲,个性成熟的人比较善于妥善地处理个人所遇到的各种社会问题。

思考:

你的个性成熟度描述。

_____

_____

_____

_____

在学习和生活中需要提升的地方。

_____

_____

_____

_____

_____

步骤五　了　解　自　我

对以上的心理测试内容做特别说明:我们使用心理问题测评时,不同结果所提供的对应解释可能会有些差异,这与问卷编制中选取的样本人群、文化背景和时代变迁有关。因此,心理测评辅导部分内容更多地作为一个参考,不是绝对的、唯一的标准。

通过以上测试与分析,你应该在一定程度上形成了一个自我概念。为了更多地了解自我,还可以从以下三个方面进行理性思考,并做出记录。

(1) 对现状的思考:如学习成绩在全专业中的名次,自己的兴趣、特长、爱好,自己有何出众的能力等。

(2) 分析自我的思考:是喜欢与事情打交道,还是喜欢与人打交道? 是喜欢挑战性强的工作,还是安稳的工作?

(3) 对未来的思考:自己在择业过程中,有哪些优势,哪些劣势;该如何扬长避短。自己究竟想做什么,即自己想在哪一方面有所发展,想成为什么样的人才。你是否考虑过你求职中最关心的是些什么? 这个问题是希望你能清楚自己求职时到底应注重些什么,哪些是主要的,哪些是次要的;你更看重的是自身的发展机会,还是工作报酬、工作环境或其他方面等。

请列出八条自己的优势和八条自己还须努力提升的地方。同学间可以相互讨论。

你的优势:

(1) _____

_____

(2) _____

_____

(3) _____

_____

(4) _____

_____

(5) _____

_____

(6) _____

_____

(7) _____

(8) _____

还需努力提升的地方:
(1) _____

(2) _____

(3) _____

(4) _____

(5) _____

(6) _____

(7) _____

(8) _____

步骤六　自我激励口号的创作与表达

一、积极背诵

背诵以下句子,领会其中的意思。

我有积极进取的人生态度。

我对未来的成就充满希望。

我有良好的人际关系。

我有强健的体魄,更有优雅的风度。

我愿意与他人共享自己的成就。

我胸襟宽阔,能容人容物。

我有良好的自律性。

我热爱自然,热爱自己,热爱他人。

我渴望成功,而且一定能够成功。

我很漂亮,也很潇洒。

我快乐,今天心情很好。

二、拟写自我激励用语

自我激励用语在内容上要求能集中表达自己的想法,在形式上要求简短有力、易于传播。

你的激励语:

说明理由:

_____

_____

_____

_____

大声表达激励语,要求声音洪亮、吐字清晰。

步骤七 考 核

完成本项目的考核工作,考核内容如表 1-7 所示。

表 1-7 考核表

考核项目(分值小计)	评 价 指 标	分值	得分
测试环节(25分)	(1) 真实状态	10	
	(2) 保持安静	10	
	(3) 完成所有项目	5	
分析自我(20分)	(1) 认真听清规则	5	
	(2) 做好测评评分	5	
	(3) 客观分析自己	10	
自我激励创作(25分)	(1) 语句简短	5	
	(2) 意思清晰	5	
	(3) 易念易记	5	
	(4) 鼓舞人、振奋人	10	
自我激励语表达(30分)	(1) 口齿清晰	10	
	(2) 表达响亮	10	
	(3) 抬头挺胸、目视大家	10	
总 分		100	

知识点拨

一、职业生涯与职业心理素质

1. 职业

职业是指参与社会分工,利用专门的知识和技能,为社会创造物质财富和精神财富,获取合理报酬,作为物质生活来源,并满足精神需求的工作。职业须同时具备下列特征:一是目的性,即职业以获得现金或实物报酬为目的;二是社会性,即职业是从业人员在特定的社会环境中所从事的一种与其他社会成员相互关联、相互服务的社会活动;三是稳定性,即职业在一定的历史时期内形成,并且具有较长生命周期;四是规范性,即职业必须符合国家法律和社会道德规范;五是群体性,即职业必须具有一定的从业人数。

2. 职业生涯

职业生涯是指一个人从事职业的经历,也可以说是一个人终生的工作经历。职业生涯规划即是在对个人的兴趣、价值观、技能、性格以及经历等方面进行客观具体的分析的基础上,结合当前外部人力资源市场、行业、政策等外部社会整体环境,确定适合自己的最佳职业奋斗目标,并为实现这一目标作出行之有效的行动。

职业生涯目标规划应从一生的发展写起,然后分别定出十年计划,五年计划、三年计划、一年计划,以及一月、一周、一日的计划。计划订好后,再从一日、一周、一月计划实行下去,直至实现你的一年计划、三年计划、五年计划、十年计划。

职业心理素质训练与职业生涯有着紧密的联系。国内专家张大均认为,"个体职业心理素质的训练不仅仅体现在职业定向时期(职业教育和专业教育),而且延伸到个体的整个人生发展过程之中,同时心理素质培训的内容也被纳入到职业生涯教育之中。"

3. 职业心理素质

职业心理素质是个体拥有的对职业活动起重要影响的心理品质,是与人所从事职业相匹配的心理素质的总和。它包括特定职业对其从业者所需心理素质的总和,是特定职业顺利高效完成的必要保证。同时是指个体已经具备的与特定职业有关的心理素质的总和,是评价特定从业者能否顺利完成相应职业的基础。

职业心理素质的结构包括职业意识和职业能力,其中职业需要、职业价值观、职业道德、职业气质都属于职业意识范畴,而职业能力包括知识结构和技能结构的内容。

职业心理素质具有稳定性、基础性、综合性和发展性特征,对职业活动有制约、调节和鉴别功能。

职业心理素质培养是由学校、社区、家庭、社会共同完成的。高校学生的职业心理素质培养主要有三个方面,一是职业定向时期的职业心理素质培训,包括专业学习过程中培养的职业兴趣、职业意识和职业角色的强化;二是通过专门的职业心理素质训练课程,根据特定职业的要求,开展专门的心理测验活动、个别和团体心理训练或心理咨询等来优化个体的心理素质,提高个体对未来职业的适应程度;三是进行非职业定向的技能培训,如考取驾驶执照,外语、第二专业的学习等,以拓宽自己的专业知识面,获取相关的职业技能。

二、情绪 ABC 理论

情绪 ABC 理论是由美国心理学家埃利斯创建的。该理论认为人的情绪不是由某一诱发性事件本身所引起的，而是由经历了这一事件的人对这一事件的解释和评价所引起的。在 ABC 理论模式中，A 是指诱发事件（Activating events）；B 是指个体在遇到诱发事件之后相应而生的信念（Beliefs），即他对这一事件的看法、解释和评价；C 是指特定情境下，个体的情绪及行为的结果（Consequence）。通常人们会认为，人的情绪的行为反应是直接由诱发事件 A 引起的，即 A 引起 C。

ABC 理论则指出，诱发事件 A 只是引起情绪及行为反应的间接原因，而人们对诱发事件所持的信念、看法、解释 B 才是引起人的情绪及行为反应的更直接原因。也就是说，由于所持信念不同，同样的一件事情发生在不同的两个人身上会导致两种截然不同的情绪反应。

 知识拓展

不合理观念的特征

一是绝对化的要求。这是指人们常常以自己的意愿为出发点，认为某事物必定发生或不发生的想法。它常常表现为将"希望"、"想要"等绝对化为"必须"、"应该"或"一定要"等，例如"我必须成功"、"别人必须对我好"等。这种绝对化的要求之所以不合理，是因为每一客观事物都有其自身的发展规律，不可能以个人的意志为转移。对于某个人来说，他不可能在每一件事上都获得成功，他周围的人或事物的表现及发展也不会以他的意愿来改变。因此，当某些事物的发展与其对事物的绝对化要求相悖时，他就会感到难以接受和适应，从而极易陷入情绪困扰之中。

二是过分概括化。这是一种以偏赅全的不合理思维方式的表现，它常常把"有时"、"某些"过分概括化为"总是"、"所有"等。它具体体现在人们对自己或他人的不合理评价上，典型特征是以某一件或某几件事来评价自身或他人的整体价值。例如，有些人遭受一些失败后，就会认为自己"一无是处、毫无价值"，这种片面的自我否定往往导致自卑自弃、自罪自责等不良情绪。而这种评价一旦指向他人，就会一味地指责别人，产生怨怼、敌意等消极情绪。我们应该认识到，"金无足赤，人无完人"，每个人都有犯错误的可能性。

三是糟糕至极。这种观念认为如果一件不好的事情发生了，那将是非常可怕和糟糕的。例如，"我没考上大学，一切都完了"，这种想法是非理性的，因为对任何一件事情来说，都会有比之更坏的情况发生，所以没有一件事情可被定义为糟糕至极。但如果一个人坚持这种"糟糕"观时，那么当他遇到他所谓的百分之百糟糕的事时，他就会陷入不良的情绪之中，而一蹶不振。

（资料来源：互动百科 http://www.hudong.com）

三、情绪管理能力

美国职业催眠治疗师李中莹先生认为,一个人拥有以下四种能力,才算有足够的情绪管理能力。

(1) 自觉力。随时随地都清楚地知道自己处于怎么样的情绪状态,也就是总与自己的感觉在一起。

(2) 理解力。明白情绪的来源不是外界的人、事、物,而是自己内心的信念系统。这就是说,清楚地了解自己的信念、价值观与规条哪里受到冒犯,因而产生情绪。这点也就决定一个人是被环境所控制而充满无力感,还是将自己的人生放回到自己的手里。因为信念系统是自己可以改变的东西,而人、事、物是一个人无法控制的。

(3) 运用力。认识"负面"情绪的正面价值和意义,因而可以在三赢(我好、你好、世界好)的基础上运用它,去达到更高的成功快乐。这是使负面情绪总有"正面情绪"的性质。

(4) 摆脱力。当某种"负面"情绪不能帮助自己达到更高的成功快乐时,能够使自己从这个情绪中摆脱出来,进入另一种更有帮助的情绪状态中。

四、职业类型匹配理论与个性成熟度

美国职业指导专家约翰·L. 霍兰德(John L Holland)在 20 世纪 60 年代以自己从事的职业咨询为基础,通过对自己职业生涯和他人职业发展道路的深入研究,引入人格心理学的有关理论,经过多次补充和修订,形成了一套系统的职业设计理论,其内容包括个性和职业类型的划分、职业分类、类型鉴定表等。

约翰·L. 霍兰德提出了四个基本假设:其一,人的个性大致可分为六种类型,即实际型、研究型、艺术型、社会型、企业型和常规型;其二,所有职业均可划分为相应的六种基本类型,任何一种职业大体都可以归属于六种基本类型中的一种或几种类型的组合;其三,人们一般都倾向于寻找与其个性类型相一致的职业类型,追求充分施展其能力并符合其价值观的职业,承担令人愉快的工作和角色,职业也充分寻求与其类型相一致的人;其四,个人的行为取决于其个性与所处的职业类型,可以根据有关知识对人的行为进行预测,包括职业选择、工作转换、工作绩效以及教育和社会行为等。

在理论中,霍兰德还制定了两种类型的测定工具,帮助择业者进行职业决策。一种测定工具是职业选择量表(VPI)。该量表要求被测试者在一系列职业中做出选择,然后根据测定结果确定个人的职业倾向领域。另一种测试是自我指导探索(SDS)。在测试感兴趣的活动、能力和喜欢的职业的基础上,进而找到比较适合自身特性的职业。霍氏理论由于其较强的操作性,成为 20 世纪 60 年代后较为有影响的职业设计理论。

社会心理学家对个性成熟度与职业的关系进行了广泛的调查和研究,他们比较一致的认识是:具有成熟个性的人是能够最大限度地发挥自己的精神力量,并与环境建立起和谐关系的人。美国心理学家马斯洛挑选了一些可称为"最充分发挥作用"的人进行研究。他发现这些人的个性特征虽然极不相同,但却有着某些共同的心理特征。这主要有以下

12 项。

（1）在对现实的客观知觉方面，能明确区别已知和未知、事实和对这些事实的意见、事物的本质和表象。

（2）非利己主义，追求目标高远，不搞内部摩擦。经常考虑"我对单位有什么贡献"、"企业对社会能有什么贡献"。

（3）不仅能正确地认识自己、主宰自己，还能正确地看待别人和世界。

（4）能忍受孤单与寂寞。

（5）富有创新精神。

（6）行为自然，但不打算由于矛盾而简单地破坏常规。

（7）对部分人常有深情的依恋，不无端地敌视别人。

（8）看人重实际而不重表面，对那些有优良性格的人抱友好态度，无出身、门第、地位的偏见。

（9）道德上是明确的，能清楚地辨别善恶，其实际行动与其道德认识表现出一致性。

（10）具有相对摆脱现实环境的独立性。

（11）能明确意识到目的与手段的区别，既注重目的，也不忽视手段。

（12）超然于琐碎事物之上，具有广阔的视野与远见，其活动以是否有价值为指南。

这些特点又可分成三个方面：主体内部特征、主客体关系特征和人与人之间关系特征。能客观地观察事物，有较强的工作能力等都属于主客体关系范畴的个性特征；行为自然，正确看待自己，有独立自由精神等，属于主体内部个性特征；道德明确，非利己主义，不无端敌视别人，无出身、门第、地位的偏见等，属于人与人之间关系范畴的个性特征。这三方面的恰当结合，就形成了成熟的个性。

还有一些心理学家通过相反的观察和研究，归纳了一些不成熟的个性特征。其表现主要有以下 10 项。

（1）残留着对双亲的依从。

（2）行为出于利己的动机。

（3）通常由于胆小而不愿走向社会。

（4）缺乏独立性、自觉性。

（5）情绪不稳定，攻击性和逃避性行为偏多。

（6）为人不可靠，没有责任感，不宽容。

（7）生活图一时快乐。

（8）劳动不认真。

（9）不能正确认识自己与世界。

（10）不能同别人建立和谐的关系。

这些也可以归结为主体内部、主客体关系、人与人关系这三个方面的特征。不成熟的个性在人生道路上往往会成为巨大的障碍，甚至使人终生平庸，碌碌无为。

职场中应该把自己的个性、气质与职业个性要求高度融合。

知识拓展

理想职业因素的定位

1. 心理因素是理想职业之基础

性格决定命运，脑袋决定口袋。有些人性格内向整天郁郁寡欢，使人望而生畏，无形之中与人产生距离感；人际关系淡化，缺乏必要的沟通，久而久之脱离了群体。在今天这个强调团队精神的职场里，他们能不"掉队"吗？人要学会合作，要学会融入群体，因为只有合作才能集思广益取得胜利。否则，孤芳自赏只能孤掌难鸣，到头来一无所获，两手空空。永远不能适应变化的时代需求，适应变化的职场需求。

2. 信息因素是理想职业之过程

我们每个人都生活在一个信息社会里，感受到信息带给我们的便捷。无论承认与否，信息无时无刻不在影响着每个人生活的方方面面。从某种意义上讲，信息对选择埋想职业显得至关重要。有针对性地收集来源于不同渠道的职业信息，通过理性分析及时做出科学决策，才能获得理想职业，打造属于自己的一片理想天空。有人把握契机先行一步，从而胜人一筹；而有人错失良机与机遇擦肩而过，必然抱憾终身。

3. 判断因素是理想职业之关键

就像赛场上一个优秀的足球运动员一样，他的门前一射对于取得胜利来说至关重要。同样，有针对性地收集特定的相关职场信息，经过理性的、科学的分析后，应当因地制宜、把握时机，占据主动性及时出击，适时做出抉择，而不至于因错失良机而追悔莫及。判断来自对各种信息要素做出适时分析，有的放矢对症下药，将有利于自己的一些信息要素加以提炼，得出最后结论，直至取得一个令人满意的结果。

4. 潜力因素是理想职业之延续

就像一个教练选择运动员一样，他首先需要了解该运动员是否符合该项目的标准，是否有潜力可挖，是否是可造之才，在进行相关综合测评后，才能决定是否培养他。选择理想职业同样也需具备潜力因素。因为人是最大的资源，应当有效地利用和开发人的潜力，最大限度地发挥人的效应，使人在一定意义上保持长久的职业竞争力，让自己永远走在职场的前列，领先于他人。无时无刻地充分挖掘自身的潜力是我们取得职业成功的法宝。

5. 学习因素是理想职业之法宝

一个人的学历在很大程度上决定着其未来发展方向，也决定着其能否适应本职工作，能否在本职岗位上做出一些成绩，取得一些成就，开创自己的美好前程，走好自己的美丽人生。在今天看来，学习是一个终身的话题，面对日益加剧的职场竞争趋势，只有不断学习，有针对性地充电，不断补充新鲜"血液"，才能满足不断变化的职场需求，避免遭遇淘汰的厄运，驰骋于风云变幻的职场。

（资料来源：极速信息港 http://www.7su.com）

案例链接

案例一　谁压坏了书

有个年轻人在公园里休憩,他把最心爱的一本书放在旁边的长凳上,这时候走来一个人,二话不说便坐在椅子上,把他的书压坏了。年轻人很生气:"他怎么可以这样随便损坏别人的东西呢!"并准备开始和他理论。

不过,年轻人发现,刚才坐到他书的是个盲人,顿时怒气减少了一半。他心想:谢天谢地,幸好只是放了一本书,要是油漆,或是什么尖锐的东西,他就惨了。年轻人友善地提醒了盲人,甚至开始很同情他。

案例点评:

同样的一件事情——他压坏了你的书,但是前后情绪反应却截然不同。对事情不同的看法能引起自身不同的情绪。很显然,让我们难过和痛苦的,不是事件本身,而是对事情不正确的解释和评价。

案例二　你是珍珠还是沙子

有一个年轻人,自我感觉很有才华,但在生活上遇到很多波折,于是便觉得活着没有意思。有一天他决定跳海,但他刚跳下去就被一个老渔民用渔网捞了起来。

他很生气,冲着老渔民嚷道:"你什么意思,把我捞起来干什么?"

老渔民说道:"年轻人,为什么跳海呀,你这么年轻多可惜呀!"

于是年轻人就对老人诉说了他怀才不遇的苦衷。

老渔民听完,说道:"哎呀,你今天遇到我,运气来了。我正好是治怀才不遇的专家,我帮你治治吧。"

年轻人很诧异,急忙问老渔民医治之法。

老渔民说:"我有秘诀,如果你想知道,就必须答应我一个条件。"

老渔民说着,顺手从沙滩上拣起一粒沙子,往旁边一扔,说:"年轻人,帮我去把我刚才扔掉的那粒沙子拣过来,然后我就告诉你。"

年轻人听了很生气,说道:"你想要我呀?这么多沙子,我怎么知道哪粒是你扔掉的呀?"

老人听了,笑着说:"别生气,我这还有个条件,如果你满足了我这个条件,我也告诉你。我这里有一颗珍珠,我把它扔到沙滩上,你去给我找回来。"

很显然,年轻人轻而易举地把珍珠拣了过来,交给了老渔民,并很虔诚地说:"老人家,我把珍珠拣过来了,可以告诉我秘诀了吧?"

老渔民一脸安详,说道:"年轻人,秘诀我已经讲完了。"

案例点评:

有些人之所以有怀才不遇的感觉,是因为自己是无数沙子中的一粒,跟旁边的沙子没有太大的区别;但如果自己是一颗珍珠,那么伯乐就会很容易地发现我们。所以说这个世界上不是没有伯乐,而是要在遇到伯乐之前,使自己成为千里马。

案例三　改变自己

日本保险业泰斗原一平在 27 岁时进入日本明治保险公司开始推销生涯。当时,他穷得连中餐都吃不起,并露宿公园。

有一天,他向一位老和尚推销保险,等他详细说明之后,老和尚平静地说:"听完你的介绍之后,丝毫引不起我投保的意愿。"

老和尚注视原一平良久,接着又说:"人与人之间,像这样相对而坐的时候,一定要具备一种强烈吸引对方的魅力,如果你做不到这一点,将来就没什么前途可言了。"

原一平哑口无言,冷汗直流。

老和尚又说:"年轻人,先努力改造自己吧!"

"改造自己?"

"是的,要改造自己首先必须认识自己,你知不知道自己是一个什么样的人呢?"

老和尚又说:"你要替别人考虑保险之前,必须先考虑自己,认识自己。"

"先考虑自己? 认识自己?"

"是的,赤裸裸地注视自己,毫无保留地彻底反省,然后才能认识自己。"从此,原一平开始努力认识自己,改善自己,大彻大悟,终于成为一代推销大师。

案例点评:

很多时候都会觉得自己再熟悉不过自己了,但是否真正了解自己、认识自己、接纳自己? 这是我们认识世界的关键点。我需要什么? 哪一种事情适合自己干? 如何让周围的朋友喜欢自己? 或许,我们还有太多问题需要问自己。

案例四　走 出 沙 漠

比塞尔是西撒哈拉沙漠中的一个小村庄,它靠在一块 1.5 平方公里的绿洲旁,可是在肯·莱文 1926 年发现它之前,这儿的人没有一个走出过大沙漠。肯·莱文作为英国皇家学院的院士,当然不相信这种说法。他用手语向这儿的人问其原因,结果每个人的回答都是一样:从这儿无论向哪个方向走,最后都还是要转到这个地方来。为了证实这种说法的真伪,他做了一次实验,从比塞尔向北走,结果 3 天半就走了出来。

比塞尔人为什么走不出来呢? 肯·莱文非常纳闷,最后他只得雇一个比塞尔人,让他带路,看看到底如何? 他们带了半个月的水,牵上两头骆驼,肯·莱文收起指南针等现代化设备,只挂一根木棍在后面。10 天过去了,他们走了数百英里的路程,第 11 天的早晨,一块绿洲出现在眼前。他们果然又回到了比塞尔。这一次肯·莱文终于明白了,比塞尔人之所以走不出沙漠,是因为他们根本不认识北斗星。

在一望无际的沙漠里,一个人如果凭着感觉往前走,他会走出许许多多、大小不一的圆圈,最后的足迹十有八九是一把卷尺的形状。比塞尔村处在浩瀚的沙漠中间,方圆上千公里没有一点参照物,若不认识北斗星又没有指南针,想走出沙漠确实是不可能的。

肯·莱文在离开比塞尔时,带了一位叫阿古特尔的青年,这个青年就是上次和他合作的人,他告诉这个小伙子,只要白天休息,夜晚朝北面那颗最亮的星走,就能走出沙漠。阿古特尔跟着肯·莱文,3天之后果然来到了大漠的边缘。

现在比塞尔已是西撒哈拉沙漠中的一颗明珠,每年有数以万计的旅游者来到这儿,阿古特尔作为比塞尔的开拓者,他的铜像被竖在小城中央。铜像的底座上刻着一行字:新生活是从选定方向开始的。

案例点评:

管理专家彼得·德鲁克(Peter Drucker)1954年在其名著《管理实践》中最先提出目标管理,他认为"并不是有了工作才有目标,而是相反,有了目标才能确定每个人的工作。"一个人追求的目标愈高,他的才能发展就愈快。一心向着自己目标前进的人,整个世界都给他让路。所有成功都必须先确立一个明确的目标。目标就是力量,奋斗才会成功。

案例五　为自己增值

一个从上海一所大学有机化学专业毕业的大学生,因为工作难找,最后来到一个建在偏僻乡镇的化工厂做了一名技术员。

看惯了大上海的繁华,听够了南京路的喧闹,享受过外滩上的浪漫,乍一到满眼稻田的穷乡僻壤,年轻人感觉自己身上的血每天都像是放进了冰箱的冷冻层,怎么也热乎不起来。那一天,笑称自己是行尸走肉的他向一位老工程师大倒苦水。在他为自己的怀才不遇而感慨万千的时候,老工程师把一张科学家最近测算出的"人"的物质含量列表递给他:"算算看,你自己值多少钱?"

反正闲着也是闲着,他抄下了表上所列出的人体所含的化学和矿物质成分:5%氧、18%碳、10%氢、3%氮、1.5%钙、1%磷、0.35%钾、0.25%硫、0.15%铀、0.15%氯、0.05%镁、0.0 004%铁、0.00 004%碘。他把这些物质含量乘以自己的体重,再乘上所有元素当前的市场价值,甚至连人体含有微量的氟、硅、锰、锌、铜、铝和砷也换算在内,竟然发现自己"全身的东西"加起来还不到10元!而自己身上最值钱的皮肤,总面积约为16平方英尺,按牛皮的售价来计算,即每平方英尺约2元,价值为30元左右。如此算来,他的身体竟然才值40元上下。

"我堂堂一个大学毕业生,才值40元钱?"他大惑不解地问工程师。"你在大学里学的东西就相当于你体内所含的化学和矿物质成分,如果不与精神、意识和意志等糅合在一起,不在社会生活这个系统中发挥一个完整的'人'的作用,那么,它作为物质的拆零价值就是这么贱,谁也不能例外。"工程师说。

案例点评:

那些可以促进职业生涯发展的素质才能被称为职业技能。时间管理、压力管理、资讯管理、交流沟通、记忆力、领导能力、解决问题能力、决策管理能力、创造力等,这些能力被称为"软实力",与知识和技艺这些"硬技能"共同组成为职业技能。所以不断学习,掌握技能,充实思想,就是一个不断为自己增值的过程。

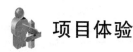

项目体验

体验一　通过自我知识问卷了解自我

认真完成下列供你个人使用的问卷。这些问题的答案可以作为自我理解、职业发展和简历的原始文件。

1. 教育

　　A. 我什么时候接受的教育？

　　B. 我主要感兴趣的领域是什么？

　　C. 什么是或者曾经是我成绩优秀的科目？

　　D. 什么是或者曾经是我成绩最差的科目？

　　E. 我参与了什么样的课余活动？

　　F. 我热衷于哪项课余活动？为什么？

2. 工作和职业

　　A. 我在 16 岁以后曾经从事的工作包括什么？

　　D. 我喜欢这些工作中的哪些方面？为什么？

　　C. 我不喜欢这些工作中的哪些方面？为什么？

　　D. 我所完成的三项最重要的工作成就是什么？

　　E. 我从主管、同事或者顾客处获得的褒扬是什么？

　　F. 我收到的批评或建议是什么？

　　G. 对我而言最理想的工作是什么(给出工作头衔和主要职责)？

3. 对他人的态度

　　A. 我与什么样的人最能和谐相处？

　　B. 我与什么样的人最不能和谐相处？

　　C. 我愿意与他人共同工作或独立工作的时间各是多少？

　　D. 我和他人最有可能争论的话题是什么？

　　E. 具有什么样性格的老板最适合我？

4. 对于自我的知觉和态度

　　A. 我的长处和优点是什么？

　　B. 我需要提高的领域或发展的机会是什么？

　　C. 我所面临的最大挑战是什么？

　　D. 在生活中,我最满意的是什么？

　　E. 在生活中,我最不满意的是什么？

　　F. 我生命中最快乐的时光是什么？是什么导致我如此快乐？

　　G. 我的核心价值(对我而言最重要的事物)是什么？

　　H. 我需要怎样做以捍卫我的决心？

5. 工作场所以外的人如何看待我

　　A. 我所爱的人对于我说的最褒扬的一句话是什么？

B. 在什么情况下，大部分我所爱的人希望我变化？

C. 我的朋友们最喜欢我的地方是什么？

D. 我的朋友们最不喜欢我的地方是什么？

6. 业余爱好、兴趣和运动

A. 我的业余爱好、兴趣、运动或者其他消遣是什么？

B. 这其中使我最激动的是什么？为什么？

7. 我的未来

A. 我的未来教育或培训计划是什么？

B. 在未来，我喜欢从事的职位或者我喜欢执行的工作是什么？

C. 在我的事业巅峰，我希望从事的工作是什么？

D. 在未来，我希望继续下去的业余爱好、兴趣和运动项目是什么？

E. 与朋友、家庭、婚姻和伙伴相关的目标或计划是什么？

附加思考题：

有什么话题是上面的问卷没有涉及的，但是对于我的自我理解有意义。请列出这些话题。

_____

_____

_____

_____

_____

除了指导语中所提到的那些用途以外，我还可以在什么情况下使用这些信息？

_____

_____

_____

_____

回答这些问题与我的自我理解如何联系起来？

_____

_____

_____

_____

体验二　通过三种阅读了解专业

根据自己所选的专业，依照以下三个方面编写简单的行业分析报告，了解你未来从事职业的要求。

（1）收藏 10 个专业网站，查看业内文章，通过上网查询，收集不少于 5 万字的行业、重点企业的有效资料，在计算机中进行资料分析、分类、汇总。

（2）查找 10 册本行业的专业杂志，对当期的热点进行整理，分析专业发展趋势。

（3）查找 15 本专业书籍，系统学习书籍的理论框架，拟写专业知识提纲，培养文字表达能力和逻辑能力，并形成对未来职业的整体认识。

体验三　个人行动计划表

根据个人特点和专业特点，结合表 1-8 提供的信息，试着制订一个适合自己的行动计划表。

表 1-8　行动计划样表

希望达到的目标	可以求助的人或信息资源	活动的先后顺序	时　间	活动完成则打"＊"
与咨询员交谈，确定自己的问题所在	职业指导中心	1	9 月 20 日前	
学习有效的制定决策的方法	职业指导中心	2	9 月 25 日前	
了解专业特点	在网上或图书馆查阅专业信息	3	9 月 28 日前	
了解学习某专业后可能从事的职业	职业指导中心；各院系网站信息；该专业已经毕业工作的人	4	10 月 1 日前	
与从事某职业的人进行交流	通过老师、朋友介绍的相关人员；主动拜访的人员	5	10 月 10 日前	
与专业有关的专家进行交流，深入了解专业	专业老师；教授等	6	10 月 15 日前	
确定自己目前的学习目标	专业老师；职业指导中心老师等	7	10 月 17 日前	

体验四　情绪处理方法练习

如果发生下列事情，想象你所处的环境和产生的情绪，寻找调整方法。

（1）当你排队办事情时，有人不守规则插到你前面。

你的反应、感受：_____

_____

合理认知：_____

_____

（2）你坐公交车时钱包被偷了，里面是你一个月的生活费。

你的反应、感受：_____

_____

合理认知：_____

（3）你把一本书借给好朋友看，他却弄丢了。

你的反应、感受：_____

合理认知：_____

心灵小语

- 强大的自我概念会带来自信。
- 自尊、自知、自律是任何人得以成功的重要特质。
- 学会有意识地理解和管理自我。

实训日志

项目 1　实训日志如表 1-9 所示。

表 1-9　实训日志

日期		天气	

主要实训内容：

体会与感想：

努力方向：

U
NIT TWO

项目 2 适应与交往训练 ——团队建设

实训目标

◇ 通过破冰式团队建设,快速适应主动学习的环境,形成主动交流的意识。

◇ 发挥积极性和创造性,充分激发同学们的参与热情。

◇ 进行团队文化建设,初步形成良好的团队文化。

◇ 通过展示团队风采来加强学生对自信心、主动表达、创造性的体验,形成良好的团队氛围。

 项目描述

要求在规定时间内,所有学生按一定规则组建团队;成员组建完成后,每个团队对团队文化进行建设,形成文本;最后每个团队创造性地展示团队风采。

 实施步骤

步骤一　成员组建

1. 要求

(1) 每个团队人数以5～7人为宜。

(2) 每个团队必须有男女同学共同参加。

(3) 全班所有同学须参与到团队中,并符合前两个要求。

(4) 组团时间为20分钟左右。

2. 过程分解

(1) 老师给出团队成员组建的要求。

(2) 班级同学自由组队。

注意:组队可以利用原有关系群体,如同寝室关系或同乡关系等;组队要考虑成员的技术、人际关系和决策三种能力,注意合理搭配组队成员。

(3) 加强沟通与协调。出现有同学落单或队伍中没有男生加入或没有女生加入的时候,需要队伍之间的协调,必须让学生进行主动沟通和交流。

(4) 所有同学都按要求进入团队,此步骤完成。

3. 注意事项

(1) 让同学充分交流,老师可做适当辅导,如提醒所用时间等。

(2) 当有些团队快速组队成功,有的团队达不到组队要求的时候,注意提醒组队成功的团队主动与其他队伍协调,保证所有同学能满足条件进入团队。适当时候可以牺牲已经组好的团队,促成同学之间的调节能力。

（3）如果有时间，可以让落单同学谈谈自己的心理感受。

（4）组队方法参考。

报数法：可以根据班级人数，依次 1、2、3、4、5、6 报数，1 号同学一个组，2 号同学一个组，以此类推。

抽签法：根据人数准备好若干颜色的纸团，在暗箱里抽签决定，同颜色的成员为一组。

步骤二　团队文化建设

1. 要求

对团队文化进行讨论并形成文本，主要包括推选队长、确定团队名称、创作团队口号、制定团队纪律、确立团队目标、做好团队分工等。

2. 过程分解

（1）课前准备好几张卡片，如表 2-1～表 2-3 所示，用于活动中的联系和活动过程的记录。

（2）给每个团队发放卡片。

（3）学生讨论，完成任务，教师可适当辅导。

（4）上交卡片。

表 2-1　团队卡片正面

团队名称和标志	
队长名称及通信方式	
团队口号	
团队分工	
团队目标	
团队纪律	

表 2-2　团队卡片背面（供考勤用）

队员资料	项目 1	项目 2	项目 3	项目 4	项目 5	项目 6	项目 7	项目 8	项目 9	项目 10
同学 1 名字和通信方式										
同学 2 名字和通信方式										
同学 3 名字和通信方式										
…	…	…	…	…	…	…	…	…	…	…

表 2-3　教师用卡

团队资料	项目 1	项目 2	项目 3	项目 4	项目 5	项目 6	项目 7	项目 8	项目 9	项目 10
团队名称 1 和组长联系方式										
团队名称 2 和组长联系方式										
团队名称 3 和组长联系方式										
…	…	…	…	…	…	…	…	…	…	…

步骤三　团 队 展 示

1. 要求

每个小组展示团队成员和团队建设内容，形式不限，顺序不限，每个团队展示时间以 5 分钟为宜。

2. 过程分解

（1）准备好的团队依次上台展示。

（2）学生推选优秀团队若干支。根据比例推选。

（3）团队可以派代表进行自荐演说，以 3 分钟为宜。评选优秀团队若干支，根据实际情况而定。

（4）教师点评。

最后完成本阶段考核，详情如表 2-4 所示。

表 2-4　考核表

考核项目（分值小计）	评价指标	分值	得　分
学习任务（10 分）	（1）态度认真、安静听讲	5	
	（2）有反馈和交流	5	

考核项目(分值小计)	评 价 指 标	分值	得　分
成员组建(25分)	(1) 组建速度快	10	
	(2) 主动协调	10	
	(3) 积极沟通	5	
团队建设(40分)	(1) 团队名称易记、好念、有想象力	10	
	(2) 团队口号简短(5~12字)、有力、流畅	10	
	(3) 团队纪律详细、清楚	10	
	(4) 团队分工明确、职责清晰	5	
	(5) 团队目标准确、清晰	5	
团队展示(25分)	(1) 精神饱满、目光有神	5	
	(2) 声音洪亮、表达清晰	10	
	(3) 形式新颖、有创造性	10	
总　　分		100	
奖励项	(1) 文化有内涵、感人	总共得数(加一项得一个奖励):	
	(2) 听得最认真的团队		
	(3) 第一个完成的团队		
	(4) 学生推选的团队		
	(5) 自荐展示后推选的团队		

备注:"总分"为个人考核的指导打分;"奖励项"为团队奖励。

 # 知识点拨

一、什么是团队

团队是指一群互助互利、团结一致为统一目标和标准而坚毅奋斗到底的一个群体。这个群体需要集合每一个成员的观念、思维、知识、经验、技能、体能等因素,才能协同工作、完成任务,最终实现共同的目标。

团队的特质主要包括:①团队拥有一个共同的任务和目标;②成员同舟共济,共同承担风险与责任;成员间知识技能具有互补性;③成员之间信息共享,彼此尊重、诚信;④成员对团队的事务尽心竭力,全方位奉献。

并不是所有的群体都是团队,如部门或小组也是单位中的一个工作群体,他们有明确分工,但是缺乏成员之间的紧密协作。团队则不同,既有明确的分工,又彼此之间相互协作,群体和团队的区别如表 2-5 所示。

表 2-5　团队与群体的区别

工 作 群 体	工 作 团 队
有强势的、受到关注的领导者	共同分担领导角色
个体责任	个体和团队成员共同的责任
群体的目标比组织使命更宽泛	团队本身制定的具体目标
个体工作成果	集体工作成果
主持有效的会议	激励漫谈或活跃的解决问题的会议
通过它对其他方面（像公司的财务业绩）的影响间接测量其有效性	通过评估集体工作成果直接测量绩效
一起讨论、制定决策并授权	讨论、制定决策、开展实质性的工作

二、团队建设的作用

团队建设是企业在管理中有计划、有目的地组织团队，并对其团队成员进行训练、总结、提高的活动。团队建设的作用体现在以下几个方面。

1. 对团队塑造的作用

通过进行团队建设首先可以增强团队精神，让团队成员互相信任和相互尊重。同时可以改进集体决策，避免个人专断与集权，提倡个人贡献，鼓励成员共同投入、互相支持，从而实现共同目标，让个人命运与团队息息相关。

2. 对于个人发展的作用

通过进行团队建设，在团队成员发生冲突与交融过程中，可以让个人重新审视自己的长处和不足，进一步理解自尊的新意义，发掘未知的个人潜力。同时，在完成团队工作的过程中增强个人责任感、使命感和积极主动性。总体作用表现在三方面：一是在团队目标的指引下，可以明确个人的目标和价值，为以后的工作定下优先轻重的次序；二是在团队氛围的感染下，可以增强个人自信心，给自己重新定位去迎接人生的挑战；三是在相互合作过程中，可以建立新观念和学习新技术去适应变迁。

3. 对于培养领导才能的作用

在团队建设过程中，领导人员可以探索不同的领导风格和技巧，在不影响团队统一性和顾及团队成员个人发展的情况下完成工作任务。领导者可以理解和实践不同的决策方式，检验能创造双赢局面的激励机制和技巧。同时，可以营造团结进取、奋发向上的和谐氛围，通过制定严明的纪律，形成一整套严格的工作程序且分工明确，保证团队走向胜利。

三、团队建设的方法

1. 组建核心层

俗话说"一个好汉三个帮"，"一头绵羊带领一群狮子，敌不过一头狮子带领的一群绵羊"。对于一个团队来讲,关键需要一个核心领导层。因为团队成员来自不同的行业,每个人都有不同的要求、动机和背景,与传统行业有本质的不同,需要充分发挥他们的作用,所以团队领导者本身应该就是企业的一面旗帜,是团队的榜样,把他们不断思考、不断进取、不懈追求的理念注入企业文化,把企业塑造成一支优秀的团队。

领导人是团队的建设者,应通过组建智囊团或执行团,形成团队的核心层,充分发挥核心成员的作用,使团队的目标变成行动计划,从而使得团队的业绩得以快速增长。

2. 制定团队目标

有人说:"没有行动的远见只能是一种梦想,没有远见的行动只能是一种苦役,远见和行动才是世界的希望。"团队目标是一个有意识地选择并能表达出来的方向,它运用团队成员的才能和能力,促进组织的发展,使团队成员有一种成就感。团队目标表明了团队存在的理由,能够为团队运行过程中的决策提供参照物,同时能成为判断团队进步的可行标准,而且为团队成员提供一个合作和共担责任的焦点。

传统的目标是由最高管理者设定的,是一种由上级给下级规定目标的单向过程,下级只是被动地接受目标,由于缺乏沟通,每个层面上的管理者都会加上一些自己的理解,甚至是用偏见对目标做出解释,导致目标在自上而下的分解过程中丧失了它的清晰性与一致性。所以,有效团队目标应该是所有成员共有的目标,需要进行咨询、反馈、监督、指导等管理。制定目标时,要遵循目标的 SMART 原则:S——明确性;M——可衡量性;A——可接受性;R——实际性;T——时限性。

3. 塑造团队精神

团队精神简单来说就是大局意识、协作精神和服务精神的集中体现。团队精神具有激励作用和凝聚功能,是员工的共同价值观和道德理念在企业文化上的反映,团队精神是优秀团队的灵魂,是成功团队的特质。

要塑造团队精神:首先,要让团队的每个成员充分发挥自己的个性,同时领导人要以身作则,做一个团队精神极强的楷模。其次,要有畅通的沟通,团队精神要求全体员工有统一的认识、统一的目标、统一的行动,并且把要求传达到位。通过畅通的沟通、频繁的信息交流,使团队的每个成员都不会有压抑的感觉,工作就容易出成效。再次,团队要逐渐形成自身的行为习惯及行事规范。最后,团队成员之间要有相互信任的氛围。

4. 做好团队激励

激励是心理学的一个术语,是指激发人的行为的心理过程。激励是指团队通过设计适当的外部奖酬形式和工作环境,以一定的行为规范和惩罚性措施,借助信息沟通,来激发、引导、保持和规划组织成员的行为,以有效地实现组织及其成员个人目标。

激励是管理的一项重要职能,从形式上激励机制可分为外在激励和内在激励(或称自我激励);按激励持续时间可分为长期激励和短期激励;按激励的类型来分可分为物资激励、精神激励和情感激励。

所以,团队激励就是发现团队人员的需求并给予满足,反过来团队成员才能满足团队的需求,提升团队的成就感。

（1）具体激励方法

① 尊重激励：尊重激励是一种最人性化、最有效的激励方法。管理者要发自内心地去尊重每一位员工，对待员工有礼貌，不嘲笑、不轻视员工，尊重员工的人格，认真听取员工的建议，让员工感到自己对组织的重要性。尊重你的队友不仅要尊重他的想法，更尊重他的劳动，尊重他的工作，尊重他的为人，只有彼此做到尊重的团队，才是一个真正的团队。当团队其他成员辛勤工作的时候，如果你偷懒就是不尊重你的队友，不尊重他人的劳动。尊重激励可以增加团队的战斗力。

② 赞美激励：赞美是一种切实有效的激励方式。赞美就像兴奋剂，它能有效地激发人的内在潜能，因为任何人都期望被赞美。每个人都有自己的长处和优势，管理者对员工进行赞美就是一种正面强化，使其注意扬长避短。赞美你团队人员的表现，把做得好的事情指出来，可以使良好的表现得到继续保持。赞美要及时、公平、公正。

③ 目标激励：目标是组织对个体的一种心理引力。目标激励就是把大、中、小的目标和远、中、近的目标结合起来，使人在工作中每时每刻都把自己的行动与这些目标联系起来，从而激发人的动机，达到调动人的积极性的目的。提供切实可行的奋斗目标，可以起到鼓舞和激励的作用。目标激励是从长远角度出发的激励，有利于调动员工长久的积极性。

④ 关怀激励：关怀让人心存感激，从而产生强大的动力。了解是关怀的前提，作为一个管理者，对下属员工要做到"八个了解"，即了解成员的姓名、籍贯、出身、家庭、经历、特长、个性、表现；做到"八个有数"，即对员工的工作情况、身体状况、学习情况、经济状况、家庭成员、住房状况、兴趣爱好和社会交往有数。做到了真正的关怀，才能起到激励的作用。

⑤ 榜样激励：榜样激励是通过树立具有典型性的人物和事例，营造典型示范效应，让员工明白提倡或反对什么思想、作风和行为，从而鼓励员工学先进、帮后进，形成积极向上的工作氛围。

（2）激励口号

以下一些激励口号可作为参考。

双牛并进，必压群雄，（团队名称），加油！

巅峰之队、舍我其谁；纵箭出击、谁与匹敌 。（团队名称）加油！

心中有梦要行动，全力以赴向前冲。

用心专业，奋勇向前。

团队共作战，人人出业绩。

梦想聚团队，团队铸梦想，激情快乐人。

四、与团队建设相关的内容

1. 团队文化

团队文化是团队在发展的过程中所形成的工作方式、思维习惯和行为准则，是团队中长期形成的共同理想、基本价值观、作风、生活习惯和行为规范的总称。团队文化是个复合概念，由"外显文化"与"内隐文化"两个部分组成。"外显文化"指的是文化设施、文化教育、技术培训和文娱活动等；"内隐文化"是总目标的倡导，要求遵循的价值标准、道德规范、工作态度、行为取向和生活观念，或指这些内容融汇而成的风貌或精神。

高效团队来自统一的团队文化,团队文化一旦形成,便会强烈地支配着团队成员的思想和行为。简单地说,团队文化主要表现在团队精神、团队情绪、团队效率三个方面。

2. 团队纪律

团队纪律就是团队成员必须共同遵守的各项规章制度和行为准则。一个团结协作、富有战斗力和进取心的团队,必定是一个有纪律的团队。纪律是一个团队生存和作战的保障,没有了纪律,这个团队就会像一盘散沙,各自为战,没有前进的方向。纪律首先必须是服从,下级服从上级、部门服从公司、公司服从集团。纪律也保障自由和创造。纪律由两个部分组成,一个是纪律的制定,一个是纪律的遵守和执行。

3. 团队合作

团队合作是一种为达到既定目标所显现出来的自愿合作和协同努力的精神。它可以调动团队成员的所有资源和才智,并且会自动地驱除所有不和谐和不公正现象,同时会给予那些诚心、大公无私的奉献者适当的回报。如果团队合作是出于自觉自愿时,它必将会产生一股强大而且持久的力量。团队合作是一种永无止境的过程。

例如,有一次,两支团队进行攀岩比赛。A 队强调的是齐心协力,注意安全,共同完成任务。B 队在一旁,没有做太多的士气鼓动,而是一直在合计着什么。比赛开始了,A 队在全过程中几处碰到险情,尽管大家齐心协力,排除险情,完成了任务,但因时间拉长最后输给了 B 队。那么 B 队在比赛前合计着什么呢?原来他们把队员个人的优势和劣势进行了精心组合:第一个是动作机灵的小个子队员,第二个是一位高个子队员,女士和身体庞大的队员放在中间,最后的当然是具有独立攀岩实力的队员。于是,他们几乎没有险情地迅速完成了任务。可见,合作是在分析队员特点的基础上,充分发挥他们的优势,达到最大协同作用的过程。

4. 团队执行力

通用电气公司前任总裁韦尔奇认为,团队执行力就是"企业奖惩制度的严格实施"。中国著名企业家柳传志认为,团队执行力就是"用合适的人,干合适的事"。执行就是全心全意立即行动。

团队执行力就是当上级下达指令或要求后,迅速做出反应,将其贯彻或者执行下去的能力。对于个人而言,执行就是完成任务的过程;对于团队而言,执行则是一套系统化的运作流程。团队执行力的前提是沟通,协调是手段,反馈是保障,责任是关键,决心是基础。

五、高效团队的特点

1. 清晰的目标

团队目标是指引团队方向的明灯。清晰的目标让团队人员知道团队希望自己做什么,以及成员之间怎样相互协作以最终实现目标。它是团队成员发挥自己才能和能力、促进团队的发展、获得成就感的动力。

2. 相关的技能

高效团队由一群能力很强的个体组成。他们具备实现理想目标所必需的技术能力,以及相互之间能够进行良好合作的个性品质。

3．相互的信任

信任是合作的开始，成员之间相互信任是高效团队的显著特征。坦诚产生信任，要鼓励成员们对团队做出诚实的反馈。领导的正直和公正是信任的重要方面。

4．统一的承诺

承诺是指对某项事务答应照办。统一的承诺意味着对团队目标的奉献精神，愿意为实现这个目标付出自己更多的经历。高效团队中的成员对团队表现出高度的忠诚感和奉献精神。

5．良好的沟通

沟通是团队的核心，有沟通才有凝聚力。团队成员可以利用各种语言和非语言符号，清晰地传递他们的信息，达到畅通交流。"对事不对人"是团队沟通的首要原则。此外，良好的沟通还表现在管理者与团队成员之间的健康的信息反馈上，这种反馈有助于管理者对团队的指导，以消除彼此之间的误解。

6．恰当的领导

团队领导是团队一员，他具有指挥、负责管理、远见、群体管理和激发、真心关切部属等特质。他帮助团队指明前进的方向，鼓舞每个成员的自信，帮助成员了解自己的潜力所在。

7．内部支持和外部支持

支持系统是团队获取帮助与支持的行为方式的动力系统。内部支持是指适当的培训，一套清晰而合理的测量系统用于评估总体绩效水平，一个报酬分配方案用于认可和奖励团队的活动，一个具有支持作用的总体资源系统。外部支持是指管理层应该给团队提供完成工作任务所需的各种资源。

 知识拓展

团队建设的四大误区

误区一：团队利益高于一切

团队首先是个集体。由"集体利益高于一切"这个被普遍认可的价值取向，自然而然地可以衍生出"团队利益高于一切"这个"论断"。但在团队里如果过分推崇和强调"团队利益高于一切"，可能会导致以下两方面的弊端。

一方面是极易滋生小团体主义。团队利益对其成员而言是整体利益，而对整个企业来说，又是局部利益。过分强调团队利益，处处从维护团队自身利益的角度出发常常会打破企业内部固有的利益均衡，侵害其他团队乃至企业整体的利益，从而造成团队与团队，团队与企业之间的价值目标错位，最终影响企业战略目标的实现。

另一方面，过分强调团队利益容易导致个体的应得利益被忽视和践踏。如果一味只强调团队利益，就会出现"假维护团队利益之名，行损害个体利益之实"的情况。作为团队的组成部分，如果个体的应得利益长期被漠视甚至侵害，那么他们的积极性和创造性无疑会遭受重创,从而影响到整个团队的竞争力和战斗力的发挥,团队的总体利益也会因此受损。

误区二:团队内部不能有竞争

在团队内部引入竞争机制,有利于打破"大锅饭"格局。如果一个团队内部没有竞争,在开始的时候,团队成员也许会凭着一股激情努力工作,但时间一长,他会发现无论是干多干少,干好干坏,结果都一样,那么他的热情就会减退,在失望、消沉后最终也会选择"做一天和尚撞一天钟"的方式来混日子。这其实是一种披上团队外衣的"大锅饭"格局。通过引入竞争机制,实行赏勤罚懒,赏优罚劣,打破这种看似平等实为压制的利益格局,团队成员的主动性、创造性才会得到充分的发挥,团队才能长期保持活力。

误区三:团队内部皆兄弟

不少企业在团队建设过程中,过于追求团队的亲和力和人情味,认为"团队之内皆兄弟",而严明的团队纪律是有碍团结的。这就直接导致了管理制度的不完善,或虽有制度但执行不力,形同虚设。

纪律是胜利的保证,只有做到令行禁止,团队才会战无不胜。三国时期诸葛亮挥泪斩马谡的故事就是一个典型的例子。马谡与诸葛亮于公于私关系都很好,但马谡丢失了战略要地——街亭,诸葛亮最后还是按律将其斩首,维护了军心的稳定。

严明的纪律不仅是维护团队整体利益的需要,在保护团队成员的根本利益方面也有着积极意义。比如说某个成员没能按期保质地完成某项工作或者是违反了某项具体的规定,但他并没有受到相应的处罚,或是处罚根本无关痛痒,这就会使这个成员产生一种"其实也没有什么大不了"的错觉,久而久之,遗患无穷。如果他从一开始就受到严明纪律的约束,及时纠正错误的认识,那么对团队和他个人都是有益的。

误区四:牺牲"小我"换"大我"

很多企业认为,培育团队精神,就是要求团队的每个成员都要牺牲小我,换取大我,放弃个性,追求趋同,否则就有违团队精神,就是个人主义在作祟。

诚然,团队精神的核心在于协同合作,强调团队合力,注重整体优势,远离个人英雄主义,但追求趋同的结果必然导致团队成员的个性创造和个性发挥被扭曲和湮没。而没有个性,就意味着没有创造,这样的团队只有简单复制功能,而不具备持续创新能力。

其实,团队不仅仅是人的结合,更是能量的结合。团队精神的实质不是要团队成员牺牲自我去完成一项工作,而是要充分利用和发挥团队所有成员的个体优势去做好这项工作。

团队的综合竞争力来自对团队成员专长的合理配置。只有营造一种适宜的氛围,不断地鼓励和刺激团队成员充分展现自我,最大限度地发挥个体潜能,团队才会迸发出如原子裂变般的能量。

(资料来源:智库百科 http://wiki.mbalib.com)

六、团队建设中的适应与交往

面对纷繁复杂的现代社会环境,人们越来越需要具有良好的心理适应能力,保持良好的精神状态、社会适应能力和人际关系,以胜任各项富有挑战性的工作。否则便会产生自卑感或自信心不足,跟不上现代社会的节奏。人是社会的一部分,一个人只有融入社会,才能成为真正意义上的社会的人。对于一直生活在校园环境中的大学生,毕业后直接进入社会,环境适应能力的强弱直接影响他未来的发展。

1. 适应能力

适应是有机体对环境变化做出的反应。它既是一个过程,也是一种状态。它可以概括为两种相辅相成的作用:同化和顺应。适应状态则是这两种作用之间取得平衡的结果,平衡—不平衡—平衡的动态过程就是适应。

心理适应能力是指一个人在心理上进行自我调节、自我平衡,以适应社会生活和社会环境的能力,也是利用环境、创造条件从而达到自己较高目标的能力。

当同学们真正踏进社会的时候,如果有足够的社会适应能力,便可以游刃有余地寻找到社会中属于自己的位置,很快地进入到自己的社会角色中,能够得心应手地按照自己的人生目标去完善自己。如果没有足够的社会适应能力的话,则难免会彷徨、不知所措,在这个社会中很容易迷失自己,与这个社会产生矛盾,甚至与之冲撞而懊恼不已。

2. 团队建设中适应能力的表现

在团队建设中,训练学生的是综合适应能力,包括三个方面内容:一是社会工作适应能力,如团队工作的激情和团队合作;二是社会交往适应能力,如交往礼节和沟通技巧;三是社会生活适应能力,如应变能力、抗挫折能力等。同学们要认识到,你越主动、越投入,你的收获会越大。

在新的环境中,在团队建设过程里,需要同学们以极快的速度转变被动的局面,克服羞涩、等待的心理,积极投入到这种开放、热情、主动的氛围中,包括主动去找团队成员、主动介绍自己、主动与人交流等。新的实训环境需要同学们做以下改变。

(1)以往的学习过程中,同学们习惯了老师的灌输方式,学习以应试为主,以成绩论成败,而现在实训过程中,是以过程考核为主,以同学们的表现为考核内容。

(2)以往的学习中,同学们认知能力较差,尤其是责任意识和规范意识存在一定偏差,而现在要求同学们要严格约束自己的行为,具有很高的团队荣誉感,要勇于承担责任。

(3)在以往的学习中,注重个体成绩,缺乏团队合作精神,而现在要求同学们要接纳与包容,要与团队成员为共同目标而努力。

(4)在心理上,要求同学们克服自卑、胆怯、焦虑的心理,要自信、大胆、乐观。面对自己是活动主角的时候,不再手足无措。

3. 培养适应能力的方法

第一,要提升学习意识,变被动学习为自主式学习,要有较强的自学能力和学习计划能力,更要研究学习方法,科学的方法能提高学习效率和学习效果。同时树立"处处皆学习"的观点,不仅掌握知识,而且要有效地掌握各种技能。整个学习过程,须本着谦虚务实的学习态度。

第二,加强自我认识。对自我的重新认识和评价需要勇气和智慧。同学们要借助各种社会支持系统来进行正确的自我评价。可以找同学、老师、朋友,获得思想上、情感上的帮助。

第三,重建个人目标。当没有目标时,人便会感到迷茫和空虚。要学会在对自我全面认识的基础上,做出科学的自我评价。大学生评价是个多元化的评价系统,要认识到自己的优势和弱点,根据自己的特点和现有的资源,主动培养自己的兴趣和兴奋点,激发自身潜力。要克服样样争先进和急功近利的心态,"长计划,短安排",并保持目标体系的灵活性。只要我们确立一个合适的目标,就会有行动的方向和动力。

第四,采取积极行动。美好的目标能否实现,取决于是否有脚踏实地的积极行动。只有积极地行动,才能了解自己的潜能有多大。当你成功完成某个任务时,你的能力得到了挥发,而且获得了自信。同时,积极行动还可以摆脱环境不适应带来的负面体验,如孤独、苦闷、空虚等,当你对环境不熟悉、不满意的时候,只要积极行动,努力工作,为集体为他人多做事情,你会逐渐融于其中,行动使你获得充实和愉快。很多的烦恼来自"冥想",专心做事的人没有时间去空虚或烦恼。

案例链接

案例一　兔子写论文

一只兔子坐在山洞口打字,一只狐狸跳到它面前说:"我要吃了你!"

兔子说:"等我把这论文写完也不迟。"

狐狸非常奇怪:"你能写什么论文?"

"我的论文题目是《兔子为什么比狐狸更强大》。"

"这太可笑了,你怎么可能比我强大?"

兔子一本正经地说:"不信你跟我来证明给你看。"

它把狐狸领进山洞,狐狸再也没有出来。

兔子继续在洞口打字,一只狼跳到它跟前:"我要吃了你!"

兔子说:"等我把这篇论文写完也不迟。"

狼非常奇怪:"你能写什么论文?"

兔子说:"我的论文题目是《兔子为什么比狼强大》。"

兔子又把狼领进了山洞,狼也没出来。

过了一会儿,兔子和一头狮子走出了山洞,狮子打着饱嗝说:"你干得不错,今天我吃到了非常丰盛的美餐。"

案例点评:

在案例中,狮子借助兔子的弱小,成功地使狐狸和狼受到迷惑,从而保障了自己的美餐,兔子也是借助狮子的力量增强了自己的信心,大敌当前面无惧色,从而保障了自己迷惑伎俩的成功。兔子和狮子的配合恰到好处。在团队中,各个个体通过相互作用形成合力,管理者的目标就是使这个合力达到最大。

案例二　谁进入了复试

　　大四下学期,由于在校期间准备过研究生考试,所以找工作的准备时间比较短。而当我最擅长的一门功课意外失手后,我知道我不得不找工作了,怀着伤痛、失落和在经济上"断奶"前的那一份不安,我先后去过上海、深圳、广州参加笔试和面试,都毫无结果。

　　一个星期六的清晨,我从深圳回来,倒头便睡。上午10点左右,突然被人摇醒,室友小芳激动地跑来对我说:"挺秀,快起来,有一家北京的单位来我们学校招人了,地点就在行政大楼,听说待遇还行。"我懒洋洋地起来,简单地准备了一下,就去了,负责招聘的李总在收我们简历的过程中,突然问了我一句:"你们的作息时间是怎样的?"我告诉他:"我们一般中午12点半左右午休,下午2点左右开始学习。"

　　一上午,李总只是简单地收集了资料,并告知大家12点左右通知面试名单,下午1点半面试。那正好,一脸倦容的我赶紧去食堂吃饭,吃完又倒头便睡。

　　睡梦中,我再次被摇醒,睁眼一看,还是小芳,"快,快去,你进入面试名单了。""你们呢?""就你一个人上了,别问了,快去。"后来我才得知,小芳还有我们班的几位男生都没有睡午觉,他们一直守候在行政大楼门口,眼巴巴地等着面试名单出来,最后看到只有我一个人的名字才各自散去。

　　等我赶到面试的办公室,发现里面已经坐了十来个人,除了李总外,还有本校其他系几个人,另外还有其他高校的3位毕业生。墙角放着一块小黑板上面写着面试名单。为稳妥起见,我偷偷瞭了一眼墙角那个小黑板却发现小芳还有我们班上3位男生的名字也在名单上啊!他们是不是看错了?抬头看看墙上的挂钟,时间已经是13点25分了。而我从睡梦中赶过来,手机又忘在宿舍了。真是糟糕!

　　这时,我思想上开始了激烈的斗争,如果去叫我的同班同学参加面试,我可能会错过面试时间,让自己失去这次机会。如果不叫,我可能良心上会不安,更何况,他们要是知道自己也在名单上,那我如何自处?那我是不是可以说我没看到小黑板?不行,这可是一辈子的大事,小芳现在手上连一个单位也没有,那3位男生也是因为考研耽误了找工作的,我能这样对我的同学吗?我还是告诉他们吧。万一影响到自己怎么办?没关系,单位可以再找,但我要有自己的做人原则!

　　想到这一层,我不再犹豫,正在这时,李总说话了,"面试开始吧。"说完这话,他环视了一圈。我鼓起勇气站起来,"李总,对不起,我需要回去一趟,我的同学也在名单上面,他们似乎弄错了,并不知道,我必须赶回去把他们叫来。"没等李总回答,我已经冲出了办公室,以百米冲刺的速度冲到宿舍,把小芳从床上拖了下来,同时,给男生宿舍也打了电话。

　　当我喘着粗气,拉着一群睡眼惺忪的同学赶到办公室的时候,其他人都已经快面试完了,正低头写着什么。李总让我们先在规定的时间内各写一篇文章,再轮流做个自我介绍。最后,李总把大家依次叫到办公室里面的一个小间问问题。

　　大家从办公室出来互相打听问题的内容,居然题目一模一样。都是——你是怎么知道自己通过了初试的？你是如何来面试的？

我的答案是"同学小芳告诉我的"。我的同学们的答案全都是"同学挺秀通知我的"。最后,面试的 20 来人里面,我们班上 5 位同学全部录用(其他人都未录取),其中我被分到了人力资源部,另外 4 位在其他部门。

李总后来告诉我,"我收简历时,特意在同一个班最少收两份简历,其中你们班的专业相对最对口,所以收多一点。而你是我一开始就相中的,所以我故意把你的名字第一个写出来了,就放在我的部门。不过,你的同学看完你的名字就都以为自己没希望了,撤得有点早。你能牺牲自己的机会去通知自己的同学,相信会适合做人力资源的,真正做人力资源工作的人,踏上这个岗位开始就意味着付出和责任。除了你们班,其他所有班级的人,包括其他高校的学生,我都一个个写出来的,同班同学之间,我故意间隔 10 分钟,写完的时候都已经快到面试时间了,名单上先写的人都是直接走进办公室等待面试,绝不会走出去叫别人,都是自己看自己的。除了你们班,其他班都有入选后没人通知到的人。而他们班这些人都是手里拿手机的。通过他们,我看不到团队合作精神,也许他还在想,多通知一个人就多一个竞争对手。这不是我们公司所需要的素质。"

说实话,当时我只是小女子一个,没想过做人做多么伟大的问题,只是担心"不通知同学"会让他们错失一次机会,而我则会良心不安。没想到,在灵光一现之际的快择,居然决定了我的命运!

(资料来源:面试技巧站 http://www.ucknow.cn)

案例点评:

这是一种朴素的团队协作的精神。团队所依赖的是个体成员的共同贡献而得到的实实在在的集体成果。团队协作的实质不要求团队成员都牺牲自我去完成同一件事情,而要求团队成员都发挥自我去做好这一件事情。

案例三　一份菜单

一天,史密斯夫妇和他们的孩子来到里兹·卡尔顿酒店的高尔夫俱乐部度假,刚一入住酒店,史密斯就告诉礼宾部的人员,他们的孩子对含有小麦和麦麸的食品过敏,希望餐饮部的人员注意,千万不要为孩子提供含有这些物质的食品。

礼宾部人员记下后,马上联系了餐饮部经理劳拉,劳拉立即把这一信息通知到餐饮部的所有工作人员,要求大家对这名小顾客格外照顾。接到通知后,食品采购员即刻出发请教了医学专家和膳食专家,并到多家商店专门为孩子采购了食品;然后,配菜师根据这些食品特意为孩子设计了一份食谱;最后,点餐人员将这份食谱整理好,精心制作出一份特别的菜单。劳拉拿到这份菜单后,将它交给酒店大大小小的每一个餐厅,再次提醒他们格外注意。

当史密斯夫妇带着孩子来到餐厅点餐时,服务人员向他们呈上手中的菜单。史密斯太太赶忙问道:"请问哪些菜不含有小麦和麦麸?"服务人员微笑着说:"这是我们专门为您的孩子设计的一份菜单,上面的每一份菜肴都是适合他身体需要的食品,请您放心点餐好了!另外,我们酒店的每一家餐厅都为您配备了这一菜单,无论您去哪用餐,都尽管放心。"史密斯夫妇听到这番详细的解释后,顿时感动万分。他们万万没有想到酒店会为他们的这个小小要求准备得如此周到、细致。

（资料来源：全球品牌网 http://www.globrand.com）

案例点评：

里兹·卡尔顿酒店的专业服务不得不令人赞叹，之所以会取得如此完美的效果，源自他们团队的集体奉献。为了一个特殊的客人，所有餐厅人员整齐划一、相互配合来做出一致的服务，这不能不说是一种集体的力量。所以，企业如何才能发展，靠的是每个人尽心尽力地工作，每个人是否以公司的利益为基准，是否为了统一的目标采取统一的行动。

案例四　小和尚撞钟

有一个小和尚担任撞钟一职，半年下来，觉得无聊至极，"做一天和尚撞一天钟"而已。有一天，住持宣布调他到后院劈柴挑水，原因是他不能胜任撞钟一职。小和尚很不服气地问："我撞的钟难道不准时、不响亮？"住持耐心地告诉他："你撞的钟虽然很准时、也很响亮，但钟声空泛、疲软，没有感召力。钟声是要唤醒沉迷的众生，因此，撞出的钟声不仅要响亮，而且要圆润、浑厚、深沉、悠远。"

案例点评：

本故事中的住持犯了一个常识性管理错误，小和尚"做一天和尚撞一天钟"是由于住持没有提前公布工作标准造成的。工作标准是员工的行为指南和考核依据。缺乏工作标准，往往导致员工的努力方向与公司整体发展方向不统一，造成大量的人力和物力资源浪费。制定工作标准尽量做到数字化，要与考核联系起来，注意可操作性。

案例五　施乐公司的团队

20 世纪 70 年代，施乐公司经营陷入低谷。从 1980 年开始，新总裁大卫开始塑造企业团队精神。施乐团队建设有三条重要原则，第一条是鼓励员工之间"管闲事"，对同事业务方面的困难，应积极帮助。为此，施乐公司经常派那些销售业绩良好的员工去帮助销售业绩不佳的员工，他们认为，合作应从"管闲事"开始。第二条是强调经验交流和分享。任何一位员工有创意且成功的做法，都会得到施乐公司的赞美和推广。第三条是开会时允许参加者海阔天空地自由发挥，随意交流，并允许发牢骚、谈顾虑，即便是重要的会议也开得像茶馆那样热闹，经常是"说者无心、听者有意"，启发出旁听者火花般的灵感，使得思路大开。

团队建设离不开人。施乐公司选拔人才特别强调合作精神，常常把骄傲的人拒之门外。他们认为，骄傲的人往往对一个团队具有破坏力，哪怕是天才也不接受。施乐公司需要的是强化彼此成就的人，即把合作看做重于一切。

施乐的团队建设并不排斥竞争，但强调竞争必须不伤和气，不但要公平，而且讲究艺术。例如，公司下属某销售区各小组间的竞争就显得幽默而有效率：每月底，累计营业额最低的小组将得到特殊的"奖品"——一个小丑娃娃，而且以后一月内必须放在办公桌上"昭示"众人，直到有新的"中奖者"。各小组自然谁也不愿"中奖"，为此，大家你追我赶，唯恐垫底"中奖"。

至 1989 年，施乐公司扭亏为盈，逐渐在世界 140 个国家建立了分公司。

案例点评：

施乐公司以它"抱团打天下"的团队建设精神成就了公司出色的事业。施乐团队鼓励员工独立思考，尽量提出意见与建议，同时对别人的意见不做任何评价，这样既不会打击同伴的积极性，也有利于补充和完善已有的意见。这种开放、独立、互助的团队文化对公司起到激励、导向、规范、凝聚和稳定作用。

 # 项目体验

体验一　测测你的团队合作意识和能力

回答以下问题，分析原因，找出对策。

1. 你在某次会议上发表的演讲很精彩，会后几位同事都向你索取讲话纲要，你是（　　）。

    A. 同意并立即复印

    B. 同意但并不十分重视

    C. 同意但转眼即忘记

2. 如果你参加了一个新技术培训班，学到了一些对许多同事都有益的活动，你是（　　）。

    A. 返回后立即向大家宣布并分发参考资料

    B. 只泛泛地介绍一下情况

    C. 把这个课程贬得一文不值，不泄露任何信息

3. 如果在下班路上，某个同事向你倾诉工作时的种种"苦水"，你的反应是（　　）。

    A. 认真倾听，并努力为他做出排解

    B. 当做是日常聊天，对其简单安慰几句

    C. 反应很强烈，也把自己的工作"苦水"向其倾诉一番

4. 在你工作比较忙的时候，有同事向你请教一个问题，你会（　　）。

    A. 立即为其耐心解答

    B. 对他说现在比较忙，过一会儿再给他解答

    C. 很不耐烦，不想给他解答，让他去问别人

5. 一个周末的晚上，你和几位朋友约好聚餐，不巧你的部门要加班，你会（　　）。

    A. 给朋友打电话说会晚些到，安心继续工作

    B. 有些抱怨，偏偏赶在这个时候加班，心神不定地留在公司

    C. 对同事说确实有急事，早点下班去赴宴

6. 如果某位与你竞争最激烈的同事向你借一本经营管理畅销书，你是（　　）。

    A. 立即借给他

    B. 同意借给他，但声明此书无用

    C. 告诉他书被遗忘在火车上了

7. 如果某位同事为方便自己出去旅游而要求与你调换休息时间，在你还未决定如何

度假的情况下,你是(　　)。

    A. 马上应允

    B. 告诉他你要回家请示夫人

    C. 拒绝调换,推说自己已经参加旅游团了

8. 在公司中,同事有困难时你是否能主动提供帮助?(　　)

    A. 我确实经常帮同事一些小忙

    B. 有时会帮忙

    C. 很少有过

9. 公司中有没有你不太喜欢的同事,比如由于工作作风、言谈举止、形象气质等方面而反感他?(　　)

    A. 没有这样的人,感觉大家都很好,很融洽,就像一家人

    B. 有个别这样的人,确实有些反感

    C. 有一部分这样的人,和他们在一起就不舒服

10. 当你发现某个同事工作上有点小问题时,你会(　　)。

    A. 立刻找机会提醒他

    B. 觉得这和自己无关,不会放在心上

    C. 有些幸灾乐祸,等着看他出丑

测试说明:

以上各题中,选 A 得 2 分,选 B 得 1 分,选 C 得 0 分,请将各分数相加。

14～20 分:说明你和你的组织有很好的团队合作能力,你们要好好发挥这一能力。

7～3 分:团队合作能力一般,找一找你都有哪些缺陷,自己有哪些可以改善的方面。

0～6 分:你的团队合作能力比较糟,多半是出在你自己的问题上,赶快加强合作意识吧。

附加思考题:

(1) 你觉得你的团队合作能力如何?

_____

_____

(2) 你认为良好的团队合作能力表现在哪些方面?

_____

_____

_____

_____

体验二　测试团队角色

你是哪种团队角色?通过贝尔宾团队角色理论——团队角色自测问卷来确定。

说明:对问题的回答,可能在不同程度上描绘了你的行为。每题有 8 句话,请将 10 分

分配给这 8 个句子。分配的原则是:最能体现你行为的句子分最高,以此类推。最极端的情况也可能是 10 分全部分配给其中的某一句话。请根据你的实际情况把每一题的分数填入表 2-6 中。最后计算出每个角色的得分。得分最高的 2～3 个角色便是你的团队角色。

1. 我认为我能为团队做出的贡献是(　　)。
    A. 我能很快地发现并把握住新的机遇
    B. 我能与各种类型的人一起合作共事
    C. 我一贯就爱出主意
    D. 我的能力在于,一旦发现某些对实现集体目标有价值的人,我就能及时把他们挖出来
    E. 我能把事情办成,这主要靠我个人的实力
    F. 如果最终能导致有益的结果,我愿面对暂时的冷遇
    G. 我通常能意识到什么是现实的,什么是可能的
    H. 在选择行动方案时,我能不带倾向性,也不带偏见地提出一个合理的替代方案

2. 在集体工作中,我常常有这样的感觉或者表现(　　)。
    A. 如果会议没有得到很好的组织、控制和主持,我会感到不痛快
    B. 我容易对那些有高见而又没有适当地发表出来的人表现得过于宽容
    C. 只要集体在讨论新的观点,我总是说得太多
    D. 我的客观看法有时候太不近人情,使我很难与同事们打成一片
    E. 在一定要把事情办成的情况下,我有时使人感到特别强硬以至于专断
    F. 可能由于我过分重视集体的气氛,我发现自己很难与众不同
    G. 我易于陷入突发的想法之中,而忘了正在进行的事情
    H. 我的同事认为我过分注意细节,总是有不必要的担心,怕把事情搞糟

3. 当我与其他人一起进行一项工作时(　　)。
    A. 我有在不施加任何压力的情况下,去影响其他人的能力
    B. 我随时注意防止粗心和工作中的疏忽
    C. 我愿意施加压力以换取行动,确保会议不是在浪费时间或离题太远
    D. 在提出独到见解方面,我是数一数二的
    E. 对于与大家共同利益有关的积极建议我总是乐于支持的
    F. 我热衷寻求最新的思想和新的发展
    G. 我相信我的判断能力有助于做出正确的决策
    H. 我能使人放心的是,对那些最基本的工作,我都能组织得井井有条

4. 我在集体工作中的特征是(　　)。
    A. 我有兴趣更多地了解我的同事
    B. 我不愿向别人的见解进行挑战或坚持自己的少数派意见
    C. 在辩论中,我通常能找到论据去推翻那些不甚有理的主张
    D. 我认为,只要计划必须开始执行,我有推动工作运转的才能
    E. 我不在意使自己太突出或出人意料
    F. 对承担的任何工作,我都能做到尽善尽美

G. 我乐于与工作集体以外的人进行联系

H. 尽管我对所有的观点都感兴趣,但这并不影响我在必要的时候下决心

5. 在工作中,我得到满足,因为( )。

A. 我喜欢分析情况,权衡所有可能的选择

B. 我对寻找解决问题的可行方案感兴趣

C. 我感到,我在促进良好的工作关系

D. 我能对决策有强烈的影响

E. 我能适应那些有新意的人

F. 我能使人们在某项必要的行动上达成一致意见

G. 我感到我的身上有一种能使我全身心地投入到工作中去的气质

H. 我很高兴能找到一块能发挥我想象力的天地

6. 如果突然给我一件困难的工作,而且时间有限,人员不熟,( )。

A. 在有新方案之前,我宁愿先躲进角落,拟订出一个解脱困境的方案

B. 我比较愿意与那些表现出积极态度的人一道工作

C. 我会设想通过用人所长的方法来减轻工作负担

D. 我天生的紧迫感,将有助于我们不会落在计划后面

E. 我认为我能保持头脑冷静,富有条理地思考问题

F. 尽管困难重重,我也能保证目标始终如一

G. 如果集体工作没有进展,我会采取积极措施去加以推动

H. 我愿意展开广泛的讨论,意在激发新思想,推动工作

7. 对于那些在集体工作中以及在与周围人共事时所遇到的问题,( )。

A. 我很容易对那些阻碍前进的人表现出不耐烦

B. 别人可能批评我太重分析而缺少直觉

C. 我有做好工作的愿望,能确保工作的持续进展

D. 我常常容易产生厌烦感,需要一两个有激情的人使我振作起来

E. 如果目标不明确,让我起步是很困难的

F. 对于我遇到的复杂问题,我有时不善于加以解释和澄清

G. 对于那种我不能做的事,我有意识地求助他人

H. 当我与真正的对立面发生冲突时,我没有把握使对方理解我的观点

计分方法:

例如第一题,A 给 1 分,B 给 1 分,C 给 2 分,D 给 2 分,E 给 2 分,H 给 2 分,F、G 不给分,以此类推,把题目对应的分数填入表 2-6 中,并进行横向统计,每行得分就是你扮演的各个角色的分数。

实干者:善于把谈话和观念变成实际行动。吃苦耐劳、实际、宽容、勤劳,有组织能力、实践经验,有自我约束力;弱点是缺乏灵活,对没有把握的事情不感兴趣。

协调者:阐明目标和目的,帮助分配角色、责任和义务,为群体做总结。稳重、智力水平中等,信任别人,公正、自律,积极思考,自信,有天生的领导才能;弱点是在智能和创造力方面很平常。

表 2-6　团队角色问卷答题卡

题号	1	2	3	4	5	6	7	小计
实干者	G	A	H	D	B	F	E	
协调者	D	B	A	H	F	C	G	
推进者	F	E	C	B	D	G	A	
创新者	C	G	D	E	H	A	F	
信息者	A	C	F	G	E	H	D	
监督者	H	D	G	C	A	E	B	
凝聚者	B	F	E	A	C	B	H	
完善者	E	H	B	F	G	D	C	

推进者:强调完成既定程序和目标的必要性,并且完成任务,主动探索。有较高的成就,极易激动,敏感、不耐心、好交际,喜欢辩论,具有煽动性,精力旺盛;弱点是激进、有争端、冲动、易急躁。

创新者:提出建议和新观点,为行动过程提出新的视角。个人主义,慎重,知识渊博,非正统,聪明,才华横溢;弱点是高高在上,不重视细节,不拘礼仪。

信息者:介绍外部信息,与外部人谈判,有外交天分。有求知欲,多才多艺,喜爱交际,直言不讳,具有创新精神;弱点是时过境迁,容易转移兴趣。

监督者:分析问题和复杂事件,评估其他人的贡献,冷静、聪明、言行谨慎,公平、客观、理智,不易激动;弱点是缺乏鼓动和激发他人的能力。

凝聚者:寻求群体进行讨论的模式,促使群体达成一致,并做出决策,擅长内部人际交往,温和,喜欢社交,敏感,以团队为导向,不具决定作用;弱点是在危急时刻会优柔寡断,耽误时机。

完善者:为别人提供个人支持和帮助,认真,有急迫感,勤奋有序,力求完美,坚持不懈,勤劳,注意细节,充满希望;弱点就是过于拘泥细节,看不重大事。

分数最高的一项就是你表现出来的角色,分数第二高第三高就是你的潜能,如果分数在 10 分以上有三项,证明你这三种角色都可以扮演,这时便要看你的兴趣和能力在哪里。如果你有一项很突出,得分超过 18 分,那你就是这类人。一般来说得分为 5 分以下的角色为你不能去扮演的角色,15 分以上证明你做这个角色表现会很突出。

附加思考题:

(1) 阅读以下内容,分析你是哪种团队角色。

_____

_____

_____

_____

（2）针对现在团队的分工，结合角色特点，你认为需要调整团队成员的分工吗？请分析。

_____

_____

_____

_____

_____

_____

_____

_____

体验三　团队的特征

问题一：下面四个类型，哪些是群体？哪些是团队？

△ 龙舟队　　△ 旅行团　　△ 足球队　　△ 候机旅客　　△老乡会　　△ 学习团队

团队：_____

群体：_____

请说明理由：_____

_____

_____

_____

问题二：下面案例中，出现的是什么类型的团队？

麦当劳有一个危机管理队伍，责任就是应对重大的危机，由来自麦当劳营运部、训练部、采购部、政府关系部等部门的一些资深人员组成，他们平时共同接受关于危机管理的训练，甚至模拟当危机到来时怎样快速应对，比如广告牌被风吹倒，砸伤了行人，这时该怎么处理？一些人员考虑是否把被砸伤的人送到医院，如何回答新闻媒体的采访，当家属询问或提出质疑时如何对待？另外一些人要考虑的是如何对这个受伤者负责，保险谁来出，怎样确定保险？所有这些都要求团队成员能够在复杂问题面前做出快速行动，并且进行一些专业化的处理。

△ 自我管理型团队　　△ 问题解决型团队　　△ 多功能型团队

团队类型：_____

这种类型团队有什么特点？请分析。

_____

_____

心灵小语

● 做正确的事永远胜于正确地做事。

● 你赢，我也就赢了。

实训日志

项目 2　实训日志如表 2-7 所示。

表 2-7　实训日志

日期		天气	

主要实训内容：

体会与感想：

努力方向：

项目3

团队合作训练
——团队拓展

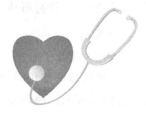

实训目标

◇ 通过团队拓展训练,让学生认识到自身的潜能,增强自信心。
◇ 认识到团队的作用,增进对团队活动的参与意识和责任心。
◇ 有效改善人际关系,学会理解共情、分享成功。
◇ 学会对冲突进行管理,更加融洽地与团队成员进行协作。

项目描述

以团队为训练单位,以竞赛的方式,大家共同完成兔子跳、同舟共济、车轮滚滚等训练项目,在个人与个人、团队与团队、个人与团队的关系中,直面真实的自我,体会团队的力量。所有项目都要进行成绩评定,最后决出优秀团队,并给予奖励。

实施步骤

步骤一　训练准备

(1) 场地准备:空旷场地,如操场或大会场。
(2) 物品准备:准备游戏需要的用品,包括报纸、胶带和剪刀;携带水或水杯、毛巾、防晒用品;最好能准备相机。
(3) 穿着准备:适合户外穿着的轻便、舒适的运动服、休闲服;不穿皮鞋、高跟鞋、牛仔裤、裙子等。
(4) 过程注意:不随身带手机,不佩戴首饰。
(5) 手脚有伤痛者提前告之老师,便于安排和组织。
(6) 准时到达指定地点。
(7) 训练过程中必须听从指挥。

步骤二　团队游戏之兔子跳

1. 游戏目标
培养应变能力;提高群体决策能力;发挥团队合作精神;有效舒缓压力。

2. 游戏介绍
兔子舞是大家都了解的一种娱乐舞蹈,训练分为低难度、中等难度和高难度。
三种跳法的步法都相同:左脚向左跳一步,收回;再右脚向右跳一步,收回;然后双脚并拢向前跳两步,再向后跳两步。

低难度:后面同学双手搭在前面同学的肩膀上,第一位同学双手自然下垂,做好准备后按照步法跳。

中等难度:左手抬起,右手从左腋下穿过,和后面同学左手相握,第一位同学左手按自己舒适的位置摆放,然后按步法跳。

高难度:每个人两脚开立、下蹲、弯腰,右手从双脚中穿过,和后面人的左手相握,然后按照步法跳。

3. 游戏注意点

(1)老师讲清规则后,可以发号施令,让学生听从指挥。随着游戏的推进,老师可以将这个权力交给各个队伍,每个队伍对口号和节奏进行自由选择。如"左—右—跳"、"一—二—前进"等。

(2)每个不同难度的游戏,都可以选择一支掌握动作要领的团队进行示范。这支团队可相应获得"决策迅速"的奖励。

(3)如果同时训练的团队较多,可分批轮流进行。让暂时休息的团队选出队员组成裁判团,让他们评判出优胜团队。然后优胜队进行角逐,评出冠军队。这样可以充分发挥学生的参与积极性,同时让老师以旁观者的身份进行观察,有利于把握全局。

(4)高难度不是选拔队伍,而是要求队伍掌握自己的节奏来完成任务,如果从起点坚持到终点不散架,就算成功,即可以获得奖励。重点不要求与别人比速度,而是考验自己队伍的配合与意志力。

(5)提醒队员注意前后同伴的动作,以免踩到他人的脚而引发同学之间的情绪问题。发现这种情况时,老师要及时用幽默的语言提醒那个走神的人,以保持团队的游戏效果。

(6)这个游戏重在全体学生需要听从统一口令,全神贯注地做出统一的动作,了解沟通与合作的妙处。

4. 游戏思考

(1)队伍一开始就步调一致吗?

(2)队伍中谁喊口令?为什么是他?

(3)你们队伍前后成员的顺序有没有变化?如果变化,是基于什么考虑的?

(4)多久就会出现步调不一致?为什么会出现这种情况?

(5) 你们用什么方法使小组成员的步调重新保持一致?

(6) 对于高难度的兔子跳,你们的成员和口号做了调整了吗?

(7) 你觉得游戏中,最难的地方是什么? 生活中遇到过同样的情况吗?

步骤三　团队游戏之车轮滚滚

1. 游戏目标

相信队友,相信团队;提升团队的组织、指挥、协调、控制的能力;没有英雄的个人,只有英雄的团队。

2. 游戏介绍

每个队伍利用报纸、胶带制作一条运输带,让团队所有学生站在报纸上,双手滚动报纸带动队员前进,"车轮"将团队的所有人从起点带到终点。最后看哪个队伍最先到达终点,而且报纸完好无损。

3. 游戏注意点

(1) 比赛的路线以 50 米为宜,可就地取材,如跑道、球场等。

(2) 规定制作车轮的时间,一般以 20 分钟为宜。车轮的宽窄、长短不限制。

(3) 队伍行进中,脚不能踩出圈外,如违规,取消团队评选资格。

(4) 比赛结束后,车轮保证完好,如果报纸撕裂,取消优胜队伍资格。

(5) 所有的队伍必须到达终点,不管过程中遇到什么障碍。

4. 游戏思考

(1) 队伍开始制作车轮时,进行分工了吗?

(2) 你的任务是什么? 你对自己的工作态度和工作技能如何评价?

(3) 车轮的款式(宽窄、长短、厚薄)进行了几次修改? 谁的建议? 大家取得共识了吗?

(4) 你们在规定时间内完成了车轮的制作了吗? 为什么?

（5）比赛开始后,你的注意力在哪里?

（6）队伍行进中,最大的困难在哪里?

（7）最后你们获得了第几名? 分析成功或失败的原因。

步骤四　团队游戏之同舟共济

1. 游戏目标

突破思维定式,不断创新,创造性地解决问题;合理利用资源;提高协作能力;培养情感接受或认同能力。

2. 游戏介绍

利用报纸、塑料垫或方砖,当成是海洋中的小船,让每队的队员站在"小船"上,双脚不能碰到"小船"外面的地面,可以是一只脚在"小船"内,一只脚悬空,看哪个团队站在"小船"中的人最多,站得时间最长。

3. 游戏注意点

（1）每个队伍可以采用相同大小的报纸、塑料垫、方砖。

（2）所有队员的脚不能踩到"小船"外面的地面。

（3）队员的阵形可采取多种方式,可背、可抬、可抱。

（4）老师可多引导学生思考,让他们学会分析,在不断的实践中寻找更好的平衡方法。

（5）对于已经成功的队伍,老师可以鼓励他们进行新的尝试,寻找坚持更长时间的阵形,也可以把纸折叠更小,以挑战极限。

（6）如果游戏结束后,可以让学生试着进行拓展:团队成员不离开"小船"能否让"小船"翻个面。

4. 游戏思考

（1）你们一次就成功了吗?

（2）你们总共尝试了多少种方法?

(3) 游戏中的难点在哪里?

(4) 队员在无数次失败中,有没有坏情绪?你们如何调整?

(5) 总共用了多长时间?

(6) 分析你们成功与失败的原因。

(7) 你知道"同舟共济"是什么意思吗?它有哪些近义词?哪些反义词?

(8) 生活和学习中,有没有遇到过"同舟共济"的情形?请与同学们分享。

步骤五　调整与提升

(1) 更多团队游戏可根据实际情况进行组织和训练。

(2) 鼓励学生表达与展示自己的真实想法。让学生回顾项目完成状况和各队员的表现,引发大家的讨论。学生和老师一起对全部项目实施情况及小组和个人的表现进行回顾和总结。

(3) 做好适当休息与放松工作,如提醒睡前热水泡脚等。

(4) 做好本项目的考核,详情如表 3-1 所示。

表 3-1　考核表

考核项目	评价指标	奖励规则	奖励数
兔子跳	(1) 整齐 (2) 速度快 (3) 团结士气 (4) 分工协作 (5) 投入程度 (6) 灵活性	(1) 决策速度快,为其他团队做示范的队伍获一个奖励 (2) 中、低难度在整齐的前提下比速度,前三名各获一个奖励 (3) 高难度队伍与自己比,队伍只要成功通过终点就获一个奖励	

考核项目	评价指标	奖励规则	奖励数
车轮滚滚	(1) 制作过程分工、有序 (2) 滚车轮速度 (3) 滚车轮整齐度 (4) 结束时车轮完整性	(1) 第一个完成制作获一个奖励 (2) 通过终点的前三名各获一个奖励 (3) 车轮完好获一个奖励	
同舟共济	(1) 勇于尝试 (2) 创造性 (3) 毅力	(1) 第一个完成获一个奖励 (2) 所有队伍在规定时间内完成都可获得奖励	
合　　计			

知识点拨

一、什么是拓展训练

拓展训练(outward bound)又称为外展训练,原意为一艘小船驶离平静的港湾,义无反顾地投向未知的旅程,去迎接一次次挑战。

拓展训练起源于第二次世界大战期间的英国。当时,大西洋上有很多船只由于受到攻击而沉没,大批船员落水,由于海水冰冷,又远离大陆,绝大多数的船员不幸牺牲了,但仍有极少数人在经历了长时间的磨难后得以生还。当人们在了解这些生还者的情况时,发现了一个令人惊讶的事实:这些生还下来的人并不都是强壮的小伙子,大多数是年老体弱的人,这些人之所以能活下来,关键在于有良好的心理素质。当灾难到来时,他们有强烈的求生欲望,首先想到的是"我一定要活下去"。

后来,有一个德国人库尔特·汉恩提议,利用一些自然条件和人工设施,让那些年轻的海员做一些具有心理挑战的活动和项目,以训练和提高他们的心理素质。后来他的好友劳伦斯在1942年成立了一所阿德伯威海上训练学校,以年轻海员为训练对象。这是拓展训练的雏形。后来,拓展训练的独特创意和训练方式逐渐被推广开来,训练对象也由最初的海员扩大到军人、学生、工商业人员等各类群体。训练目标也由单纯的体能、生存训练扩展到心理训练、人格训练、管理训练等。

风靡全球半个世纪的拓展训练,1995年走进中国,备受推崇,逐渐被列入国家机关、外企和其他现代化企业的培训日程。

拓展训练是以游戏为载体,以运动为依托,以培训为方式,以感悟为目的的。它与传统的知识培训和技能培训相比,少了一些说教和灌输,多了一些运动中的体验和感悟。

拓展训练的项目有场地拓展、水上项目和野外拓展。场地课程是在专门的训练场地上,利用各种训练设施,如高架绳网等,开展各种团队组合课程及攀岩、跳越等心理训练活动。水上项目包括游泳、跳水、扎筏、划艇等。野外拓展训练是指在自然地域(山川湖海),通过模拟探险活动进行情境体验式心理训练,其特点是能充分利用自然环境中的奇、秀、峻、险,能从情感上、体能上、智慧上和社交上对学员进行训练,具有更大的挑战性,包括野外定向、登山攀岩、穿越等。

二、拓展训练的过程

一个完整的拓展培训课程,大概可以分为以下五个阶段。

第一阶段:热身。此阶段最重要的任务就是引发学员的兴趣,通过破冰游戏等,消除学员的紧张感,加深学员之间的相互了解,使学员轻松愉悦地投入到各项培训活动中去。

第二阶段:沟通及信任建立。这个阶段是运用大量的沟通活动增进彼此了解,了解学员的价值观,在面对团体成员差异时,试图去影响或调整彼此的价值标准。培训师通过客观地提出问题,引发讨论,帮助团队走向下一个阶段。

第三阶段:建立问题解决及决策模式。此阶段是非常重要的阶段,能引导团队成员积极地参与、执行和讨论。而且团队成员会逐渐找出解决问题及共同决策的平衡点。培训师通过问题的引发,让团队能够明白此时团队解决问题及决策的共同模式是何种方案,是否全体团队都能接受。

第四阶段:团队成员的社会责任。此阶段是课程非常重要的特性,它特别强调团队成员必须在先了解完成团队目标的前提下,个人及团队所负担的社会责任是什么。课程在此时进入难度更高的挑战活动,安排了许多低空及高空的绳索课程,让所有成员通过保护自己、协助伙伴的行为来深切体会到社会责任,建立群我关系。这个阶段有助于团队成员完成高难度的挑战目标。

第五阶段:建立个人信心。一个人完全相信自己可以完成面前的目标,并且信任装备的安全性,以及接受团队伙伴的鼓励、支持及指导。在完成之后与团队其他成员分享兴奋、激动,分享活动中的高峰体验,通过这样的过程,很快地便能掌握到如何在整个训练中自我设定学习目标,而且成功地移植到真实生活及工作环境之中,获得个人进步。

三、拓展训练的意义

1. 综合活动性

拓展训练的所有项目都以体能活动为引导,引发出认知活动、情感活动、意志活动和交往活动,拓展训练并非体育加娱乐,也不是所谓的"魔鬼训练",他有明确的操作过程,要求学员全身心地投入。

2. 挑战极限

拓展训练的项目都具有一定的难度,是一种对艰辛的体验,表现在心理考验上,需要学员向自己的能力极限挑战,跨越"极限"。

3. 集体中的个性

拓展训练实行分组活动,强调集体合作,体会个人与团队的关系。力图使每一名学员竭尽全力为集体争取荣誉,同时从集体中吸取巨大的力量和信心,在集体中显示个性。

4. 高峰体验

在拓展中,需要学员学会克服困难,突破自己的固有模式,学习如何面对恐惧和困难,直面真实的自我,确立信心。在完成课程要求以后,学员能够体会到发自内心的胜利感和自豪感,获得人生难得的高峰体验。

5. 自我教育

培训师只是在课前把课程的内容、目的、要求以及必要的安全注意事项向学员讲清楚,活动中一般不进行讲述,也不参与讨论,充分尊重学员的主体地位和主观能动性。给学员一个认识自己、挖掘自己的机会。在课后的总结中,培训师也只是点到为止,主要让学员自己来讲,达到自我教育的目的,使参与者更深入探索自我,挖掘自我潜能。

四、几个典型拓展训练项目的介绍

1. 个人挑战项目

(1)空中单杠。在培训师的指导下,从独立杆爬上顶端,站在小圆盘上,纵身向前跃起,双手抓住上前方的三角杠。培训目的:培养个人勇气、信念;跨越心理障碍;挖掘个人潜能;摆正自己的位置;敬业奉献;正确对待不同意见和挫折;当机立断,抓住机遇;忍耐;体验友爱支持。

(2)空中断桥。在培训师的指导下,学员从断桥一侧立杆登上断桥小平台,迈步跨到对面木板上。培训目的:目标管理;善于抓住各种机遇,果断行动;坚持忍耐;挑战体能极限;克服逃避本性和自我惰性;激发个人潜能;学会关爱他人;学会正确面对困境,积极处理危机。

2. 双人合作项目

(1)天梯。参训的两名队员在进行安全保护的情况下,相互配合,从天梯底端一直上到最高处。培训目的:学会群体决策;角色定位;面对困境寻求解决问题的科学方法;人力资源合理利用;演绎人生苦旅,一步一个脚印扎实工作;工作目标的确定与实现;为他人奉献;双人条件下的沟通交流。

(2)空中相依。两名学员面对面、手推手,在两条钢缆上横向前进到另一端。培训目的:团队合作;依靠;资源的有效利用;肢体语言的沟通;科学的方法与技巧;激发个人潜能;挑战心理极限。

3. 团队合作项目

(1)合力桥。一人或两人一组,登上9米高吊板(共3块)。每块板下方由4~6人控制绳索以保证吊板平衡。上方人员靠自己的努力和相互配合踩过每一块吊板,最终成功到达彼岸。培训目的:团队的合作和协作;岗位奉献;角色定位;理解做好本职工作就是对团队的最大奉献;友爱、关怀、支持;方法技巧;创造和谐团结的氛围和工作环境。

(2)毕业墙。所有的参训队员,相互帮助,全部攀登到4米高的墙顶。培训目的:提高学员的互助和协作能力,合理安排人力资源,群策群力寻找解决问题的科学方法;为团队自觉奉献;找到个人在团队中的角色定位;吃苦耐劳;处理局部与大局的关系;正确面对人生和工作中遇到的困境和坎坷;向共同的目标冲刺。

(3)信任背摔。队员依次站到1.4米的小平台上,背向后倒在下面队员用胳膊交叉的网上。培训目的:挑战自我;相互信任;换位思考;学会包容。

五、拓展训练中的冲突与协作

1. 冲突管理

（1）什么是冲突

在个人的学习和工作中，经常会碰到这样或那样的冲突，冲突广泛存在于生活的各个方面，冲突是一种对立的状态，表现为两个或两个以上的相互关联的主体之间的紧张、不和谐、敌视，甚至争斗关系。冲突产生的原因很多，主要是由于生活背景、教育、年龄和文化等的差异，而导致对价值观、知识及沟通等方面的影响，其本质是，事实上不可能所有人都在同时获得自己想要的东西。所以冲突往往发生在双方在要求、目标、动机不相匹配时而引发矛盾时，从某种程度上讲，冲突也可以理解为一个争论、异常辩论或争战。

根据美国管理协会的一项调研发现，一位职业经理人至少会有 24％的工作时间是花在冲突管理上的。这是对时间的巨大浪费吗？其实不然，只要建设性地管理冲突，冲突也是个机会。因为在战略的制定和执行上存在的争端、异议以及不同的观点，通常都能给企业增添活力，带来改变，促进创新，并有助于形成团结一致的团队。

冲突不是一种静止的状态，而且一个动态的过程，在这个过程中，冲突双方的认知、情绪和关系都可能发生变化，冲突会经历潜伏、知觉、外显到冲突结果几个阶段。冲突意味着人际平衡关系的破坏，经过一段时间的互动，双方关系一般会达到一个新平衡，这时就进入冲突的结果阶段。冲突的后果可能是两败俱伤，可能双赢，也可能是一胜一负。

（2）冲突的管理方法

人际冲突管理是指角色期望对象和角色期望的发出者之间的沟通等行为问题。处理人际冲突的方法主要有以下五种。

一是妥协，就是互相让步。这是一种被人们广泛使用的处理冲突方式，它反映了处理冲突问题的实利主义态度，有助于改善和保持冲突双方的和谐关系，尤其在促成双方一致的愿望时十分有效。

二是回避。这是指冲突一方试图将自己置身事外，任凭冲突事态自然发展，以"退避三舍"、"难得糊涂"的方式处理冲突问题。因为冲突是暂时的，采取中立或退缩策略，可以使双方在冷静后进行处理。例如，一日，一厂长于节日间夜晚巡查生产值班室，发觉几个平时工作还认真的生产骨干在违反制度打牌喝酒，在此种情况下，厂长没有贸然推门现身进入制止，而是在门外咳嗽一声走了。室内人立即意识到是厂长来了，赶紧收拾，也因厂长理智的冷处理，感到心里惭愧，但厂长给了面子，因此以后再也没发生类似情况。

三是迁就。当事者主要考虑对方的利益、要求，或屈从对方意愿，压制或牺牲自己的利益及意愿，旨在从长远角度出发换取对方的合作，要么是不得不屈从于对手的势力和意愿。

四是强迫。利用奖惩的权力来支配他人，迫使他人遵从管理者的决定。这种临时性的非常措施，以牺牲一方利益获得另一方利益，处理不当会产生负面影响。

五是合作，取得双赢的效果。

（3）冲突管理的技巧

当冲突发生的时候，要冷静地分析冲突的性质，努力提高管理冲突的水平，而不是任由发展。解决冲突的技巧有以下几种。

一是尽量避免争吵。人与人之间出现不一致或冲突是不可避免的,面对冲突,人的自然反应就是与之对抗、逃跑或者被吓呆,要相信一切冲突都可以理性而建设性地获得解决。争吵能带来什么?能带来双方的快乐吗?能带来彼此的尊重和理解吗?能带来深厚的友谊吗?能带来问题的解决?而争吵使双方情绪上高亢、心理上烦躁、加深彼此的怨恨与误解,把人们置于非理性的状态下,而在争吵中,双方都会受到伤害。争吵往往并不会争出什么是非曲直来,其结果只会使双方都比以前更坚信自己是绝对的正确,争吵过后,并不能解决冲突。

二是勇于承认自己的错误。人无完人,谁都有犯错误的时候,人的一生就是在不断地犯错误、不断地改正错误的过程中度过的。关键在于能认识到自己的错误,并勇敢承担责任。勇于承认错误是人际关系的润滑剂,承认自己的错误是责任感的表现。

三是学会接纳冲突。承认冲突存在的客观现实,冲突也是一种交流,也表现在情感的交流、认知的交流、个性的交流,重要的是要分清积极的争论和消极的争吵或个人矛盾。积极的争论仅限于所持观点不同,不针对个人,不存在人身攻击。然而它在表面上具有一些和消极矛盾或争吵类似的迹象,如非常激烈、情绪化。积极争论的目的就是在最短的时间里找到最好的解决问题的方案。他们这样做更能够彻底、快速地讨论并解决问题。

管理学教授内克(Chris Neck)和门茨(Charles Manz)指出:"我们可以通过与内心的对话来改变对某种境况的看法——告诉自己某件事情是个机会,而不是阻碍。"所以,要给予对方理解,尊重对方。接纳冲突,也接纳冲突的对象。

2. 团队协作

在团队拓展训练中,"没有完美的个人,只有完美的团队",要想卓越,只有互相协作。协作是指冲突双方愿意共同了解冲突的内在原因,分享双方的信息,共同寻求对双方都有利的方案。这是解决冲突的一种积极方法。在团队拓展中,团队成员为了达到共同目标而采取一系列方法解决过程中的问题,其中冲突是必然的,而积极采取合作的方式可以使团队成员公开地面对冲突和认识冲突,讨论冲突的原因和寻求各种有效的解决途径。

信任是团队协作的前提。团队成员之间相互高度信任,是指团队成员彼此相信各自的正直、个性特点、工作能力。因为信任,所以团队成员之间可以坦诚分享信息,包括负面的信息。为了提高团队的信任度,要让团队成员明白,个体不仅是为自己的利益而工作,也是为别人的利益而工作。

如何在冲突中有效培养团队协作?关键是要认识到一致的协议对各方有利。可以采取以下措施。

一是增强成员对团队的认同感。要让每个团队成员认识到他们之间的协作及贡献对于团队获得成功的重要性。在认真检查自己想法的基础上,了解对方的想法。不要事先设定对方的人格,如缺乏涵养、粗暴无礼、神经病等。相信,目前所做的永远比过去重要。

二是每个团队成员的贡献都是可以衡量的,每个人都可以清楚地看到谁做了什么,而且每位成员都对自己的行为负责。在焦点问题上,双方要相互沟通和反馈。在分析问题和制订可行性方案之后考虑协调。

案例链接

案例一　拓展训练的体会

"五一"前夕参加了人力资源部组织的为期一天多的拓展训练,精心安排的拓展项目使我充分沉浸其中,在紧张的工作后精神上得到了充分的缓解,并且在拓展项目训练中收获颇多。

这次拓展活动使我深深地体会到团队协作在任务执行过程中的重要性,同时也学会了如何突破自己心理的极限,可以说是一次非常难得的经历。这种心理极限上的突破不是随便的活动项目就能够达到理想效果的,是借助于拓展项目的精心设计和拓展师的职业能力,最终才能够实现个人某些心理障碍的跨越,与此同时,也能够体会到个人能力的发展潜力。证明了自己,超越了自己。

通过这种拓展项目也使各个小组的成员成为一个真正能够发现问题、解决问题的战略团队,大家都各司其职、各负其责,在拓展项目中寻找合作的黄金点,不断形成默契,由原来松散的个体磨合成为一个能够冲破任何防线的组合体,团队的每个成员在项目进展中都增强了克服困难的信心和勇气,提高了面对困难却能坚韧不拔进行到底的决心,更可贵的是锻炼了每个团员的胆识,也克服了有时只凭感觉行事的思维模式。没有不可能,超越自己就能够创造奇迹,断桥和毕业墙等拓展项目都是出色的例证。

从拓展训练联想到实际的工作,我也感到受益匪浅,随着社会的发展,靠一个人完成所有任务的可能性已是微乎其微,由此,团队整体的效率就显得极其重要。保持整个团队的最佳状态,使其成为一个无坚不摧的战斗团体,必须增进彼此的了解和加强相互之间的信任感。对于这次拓展训练项目的安排和设计在这方面的努力每个人都深有体会,由此应用到具体的工作中,团队中相互的协作效率和质量都会有很大的提高。

对这次拓展训练,我总结起来有以下几点体会。

(1) 经历了心理与生理的考验,真正实现了挑战自我、突破自我、超越自我的目标,更熔炼了一支坚强、团结的优秀团队。

(2) 从失败中我也得到教训和启示:在工作中,各岗位之间需要沟通,需要相互配合和协调,形成力量的整合才能完成共同任务。

(3) 要诚信待人,诚信做事,要取得别人的信任,让别人愿意向你托付重任甚至自己的生命。同事之间需要相互信任。做人和处世需要协作精神,而协作精神的首要条件就是要信任同事,同时也要让同事信任你。

(4) 作为领导,要看到差异,容纳差异,协调差异,利用差异,在差异中取长补短,在差异中塑造一个完美的整体、完美的团队。这是我从教练的讲解里领会到的一种精神。

(5) 一个团队有很强的凝聚力,无疑会形成这个团队较强的竞争力。"抱团打天下"必然比单打独斗要强得多。

(资料来源:北京农家院网 http://www.nongjiayuan.org)

案例点评：

这是一份拓展训练学员的体会。拓展训练很大的特点就是体验式。如果只是单纯地游戏，玩过、笑过就结束的话，训练就失去了意义。所以，拓展训练关键在于要引发学员的思考，使学员从游戏中获得有益的帮助，并能由此来解决工作生活中的一些实际问题。

案例二　一段书摘

"你不是天生的王子或公主，但你一下子就习惯并喜欢上坐在明亮、恒温的办公室；出差时享受星级酒店的豪华与舒适。你志向远大，无所畏惧，却不曾想在自己设置的障碍前裹足不前。喝水要喝纯净水，洗脸、洗澡要用流动水，如果三人以上同居一室，就不会睡觉，没有空调，就不知道怎么穿衣服。那么，你真该去拓展一下自己了，因为你作茧自缚，却浑然不知。"

这是《E企业管理户外拓展训练全书》的介绍，该书图文并茂、全面收集与整合了各种有益资讯，从原理、常识到活动操作，对户外拓展训练进行了翔实的介绍。

内容覆盖以下九个方面：拓展运作流程、野外生存常识、拓展训练实地技巧、拓展破冰游戏、水上拓展活动、野外拓展活动、户外场地活动、户外拓展术语、户外拓展工具。

案例点评：

以上是一本书的介绍，也许你不一定是培训师，不一定是企业管理者，不一定要实施拓展训练，但是拓展训练却会让你学会观察、学会联想、学会对比，激发你的潜能。书摘从另一个角度告诉我们，有些时候需要改变自己，改变自己需要有决心。

案例三　拓展训练的目的

作为一家企业的行政或人事部门的主管：

您是否在为员工的综合素质能否跟上公司发展速度而担心？

您是否希望员工能创造性地解决问题而不只是简单的重复劳动？

您是否在考虑如何挖掘员工的潜能以使其最大限度地在工作中发挥作用？

您是否在为如何提高公司凝聚力和员工间配合的默契程度，从而更有效地提高公司运作效率而冥思苦想？

企业以人为本，在追求自身成长和发展的过程中，企业的成员不可以没有共同的愿望和使命感，不可以没有共同的价值观和信念系统。在企业的大家庭中不可缺少相互间关爱和合作的团队精神，更不可缺少奋发向上、不屈不挠的集体意志力，因为这些都是构成团队工作动力系统中最重要的元素，是企业生命的核心。企业拓展培训就是为了协助企业有效地完成重组核心资源的目标而设计的训练课程。

训练目的：培育团队精神，体验团队合作，熔炼团队精神，增强归属感；认识自身潜能，增强自信心，改建自身形象；团队激励，加强协作观念；改善人际关系，更为融洽地与群体合作；创造沟通环境，搭建沟通桥梁；纪律性、组织观念、竞争意识、意志力、执行力的全面提升；创造性思维，启发想象力与创造性，提高解决问题的能力。

野外拓展训练对团队成员个体的意义有以下几项。

（1）释放生活和工作压力，调节心理平衡。

（2）认识自身潜能，增强自信心。

（3）提高自我控制能力，从容应对压力与挑战。

（4）强化探索精神与创新意识，培养进取心。

（5）学会更好地与他人进行沟通与协调，优化人际环境。

（6）完善人格，培养勇气、毅力、责任心、荣誉感以及积极的价值观。

通过拓展训练体验，让每一位学员深刻理解仅靠掌握专业技能、做好本职工作并不足以保证一个组织迈向成功。诸多非智力因素，如员工的态度和观念，职业操行，对企业文化和目标的高度认同，团队合作精神及适应市场和环境转变的能力等，同样是一个出色团队不可缺少的要素。通过强化培训，深入挖掘个人与团队的潜力，提升综合竞争力，使得学员在今后的岗位上能更自信、更主动、更积极地投入工作，从而达到全面提升组织生产力的终极目标。

对于高绩效团队训练营，我们倡导"体验＋引导＋感悟"的学习理念。

通过这种学习方法，学员能够重新认识自我，理解团队的力量，建立积极的生活态度，真正拥有一件利于自身发展、不断获得快乐与成功的武器。这不仅仅是简单的体验，更重要的是感悟和拥有。

（资料来源：河南户外 http://www.hnhw.com）

案例点评：

以上是一个拓展训练组织对拓展训练意义的阐述，虽然他的主要目的是为了介绍这个拓展训练机构，但是也从另一个角度反映出几个问题：一是现在国内拓展机构非常多，拓展训练正被人们熟知和接受；二是说明拓展训练本身确实能够从多个方面给学员带来好处；三是拓展训练不仅是游戏本身，它也是企业管理的一项工作之一；四是作为学员，我们应该思考，在游戏中收获了什么，有没有向着拓展目标前进。

案例四　分　粥

（一）

有 7 个人住在一起，每天共食一锅粥，因人多粥少，争先恐后，秩序混乱，还互相埋怨，心存芥蒂。于是，他们想办法解决每天的吃饭问题——怎样公平合理地分食一锅粥？

他们试验了以下不同的方法。

第一种方法，指定一个人分粥，很快大家就发现，这个人为自己分得粥最多，于是又换了一个人，结果总是主持分粥的人碗里的粥最多最好。

第二种方法，大家轮流主持分粥，每人一天，虽然看起来平等了，但是几乎每周下来，他们只有一天是饱的，就是自己分粥的那一天。

第三种方法，推选出一个人来分粥，开始这位品德尚属上乘的人还能公平分粥，但没多久，他开始为自己和溜须拍马的人多分，搞得整个小团体乌烟瘴气。

第四种方法，选举一个分粥委员会和一个监督委员会，形成监督和制约机制，公平基本上做到了,可是等互相扯皮下来,粥吃到嘴里全是凉的,大家也很不满意。

第五种方法,轮流分粥,而分粥的人要等到其他人都挑完后才能取剩下的最后一碗。令人惊奇的是,采用此办法后,7只碗里的粥每次都几乎一样多,即便偶有不均,各人也认了,大家快快乐乐、和和气气,日子越过越好。

(二)

有个寺庙里的人也对分粥产生了意见:一是粥有稠与稀;二是粥有多与少,用了多种方法也没能解决人人平等的分配问题。最后决定,沙弥烧好粥后由比丘们轮值分粥,但你多我少的局面依旧天天轮回。

这天,新住持要改变这种不公平局面,于是邀请了寺里三位高僧出招。

第一位法净说:"在于测量,先测量每个僧人所用碗之大小,再测量每次所用之粥的厚薄与多少,最后测量轮值分粥的僧人是否心如止水。"

第二位智平说:"僧人之心,如不如止水,其修为测也难矣。应该是教而化也,使之明白公平意义,批判以权谋私的分粥者,逐渐培养起他们高尚的境界和习惯,才是根本办法。"

第三位惠叶说:"仍由比丘们轮流分粥,只是需改变两点:一是分粥者最后取粥;二是和尚们的饭碗每次统一领取使用。"

新住持深悟这三计:法净爱技术,智平爱教化,惠叶爱管理控制。终极之法,当属智平提出的培养高尚境界和习惯,但是远水不解近渴;至于法净的技术,它无法测量人心,看来不可高估僧人之心性;采取惠叶的控制管理之法,那僧人们又究竟修为什么?

案例点评:

分粥,本来是一项简单的小事,但是"民以食为天",分粥关系到7个人的切身利益,分粥不均匀就引发冲突。如何处理分粥的冲突,看似简单的管理问题,实际上却是不简单。所以处理冲突要勇于尝试各种方法,相信总有解决的办法,总会找到一个好的方法去解决。人的自私心理不能被随便改变,但人大脑的智慧是无穷的。对于管理者来说,要时刻都保持敏锐的观察性,并及时做出正确、合理、有效的决策,才能化解冲突,获得平衡。

 # 项目体验

体验一 背 靠 背

课后同学们可以选择一些容易操作的项目进行训练,例如"背靠背"游戏,从中获得更多体会。

1. 游戏目的

通过本游戏可以调动学员的兴趣,让他们从游戏中体会友谊、协作的乐趣。这个游戏还可以在培训中场或结束时使用,既可以活跃课堂气氛,还能帮助学员放松神经,增强学习效果。

2．游戏过程

（1）将学员分成几个小组，每组在 5 人以上为佳。

（2）每组先派出两名学员，背靠背坐在地上。

（3）两人双臂相互交叉，合力使双方一同站起。

（4）以此类推，每组每次增加一人，如果尝试失败需再来一次，直到成功才可再加一人。

（5）培训者在旁观看，选出人数最多且用时最少的一组为优胜。

3．游戏思考

（1）你能仅靠一个人的力量就完成起立的动作吗？

（2）如果参加游戏的队员能够保持动作协调一致，这个任务是不是更容易完成？为什么？

（3）你们是否想过一些办法来保证队员之间动作的协调一致？

4．游戏启发

（1）团结就是力量。游戏中，所有人都不单是一个个体，而且组成了一个整体。大家只有全力配合才可能达到目标。这个游戏告诉我们什么是团队激励，什么是团队精神。

（2）一支优秀的队伍需要一位优秀的领军人物。游戏考验了每个小组的领导者，看他怎么指挥和调动队员；看他怎样发现问题、解决问题；看他的执行能力。

体验二　南辕北辙

拓展训练的项目有很多，关键是能使学员在游戏中获得更多的体验。同学们先进行游戏，然后针对游戏过程设置问题，引发学员的思考。

问题：请根据"体验一"，完成本游戏的"游戏思考"、"游戏启发"两个环节的内容。

1．游戏目的

通过游戏，了解团队相互信任的重要性，增进团队成员的归属感，激发学员的奋斗精神。

2．游戏过程

（1）将学员分成几个小组，两人为一组，让大家互相结为搭档。

（2）每组发一个眼罩。

（3）把大家带到场地的一端，在场地另一端选一个物体作为目标。

（4）每组搭档中一人蒙上眼罩，另一人跟在身后，防止他绊倒或撞上某些障碍物。但是他不能给蒙眼睛的搭档指路或做任何暗示告诉他该向哪里走。当蒙住眼睛的搭档觉得到了那个目标停下来时，两个人都停下，取下眼罩，看距离最终目标到底有多远。

（5）两个搭档转换角色，重复游戏，直到所有人都蒙过眼罩为止，询问他们为什么大多数队员距离最终目标那么远。

（6）给每组搭档再发一个眼罩。让他们仔细观看前方的目标后，都蒙上眼罩，挽着胳膊或携手一起走向目标。一定要用相机给他们拍些大特写，留作纪念。

（7）当他们发现两个人的行动并不比单个人好多少时，建议所有队员联合起来尝试一次。让大家仔细观看目标所在地之后，都蒙上眼罩一同向目标进发，队员们感觉到达目标后全部停下。

（8）当所有队员都停下后，每人都指向自认为目标所在的方向。同时，用另一只手拿下眼罩。

3.游戏思考

（1）_____

_____

（2）_____

_____

（3）_____

_____

4.游戏启发

（1）_____

_____

（2）_____

_____

（3）_____

_____

体验三　分析冲突的原因并学会解决冲突

任务一：小李女士在一家大型 IT 公司的事业部工作，负责为事业部下各项目组提供系统支持。一次，由于项目组的紧急工作需要，小李跟公司的规章制度发生了冲突，心直口快的小李女士与合同部的小望女士在办公大厅内发生了激烈的正面碰撞。事后，两人都有些后悔。

她们之间的问题是什么？

_____

_____

发生冲突的原因是什么？

_____

_____

准备怎样去解决？

_____

_____

任务二：亚通网络公司是一家专门从事通信产品生产和计算机网络服务的中日合资企

业。公司自 1991 年 7 月成立以来发展迅速,销售额每年增长 50% 以上。然而与此同时,公司内部存在着不少冲突,影响着公司绩效的继续提高。

因为是合资企业,尽管日方管理人员带来了许多先进的管理方法。但是日本式的管理模式未必完全适合中国员工。例如,在日本,加班加点不仅司空见惯,而且没有报酬。亚通网络公司经常让中国员工长时间加班,引起了大家的不满,一些优秀员工还因此离开了亚通网络公司。

亚通网络公司的组织结构由于是直线职能制,部门之间的协调非常困难。例如,销售部经常抱怨研发部开发的产品偏离顾客的需求,生产部的效率太低,使自己错过了销售时机;生产部则抱怨研发部开发的产品不符合生产标准,销售部门的订单无法达到成本要求。

研发部胡经理虽然技术水平首屈一指,但是心胸狭窄,总怕他人超越自己,因此常常压制其他工程师。这使得工程部人心涣散,士气低落。

公司内冲突的原因有哪些?

_____

_____

如何解决冲突?

_____

_____

参考资料:冲突原因详情如表 3-2 所示。

表 3-2　冲突原因

来　源	产生的原因
价值观差异	文化差异、个体间差异、与角色有关的差异
目标差异	人格差异、任务或角色差异、资源差异
需求差异	人格差异、资源稀缺、权力不平衡
对价值观、目标和需求的知觉差异	关于角色、资源、任务的含混不清,知觉扭曲

美国组织行为学家达夫特(Daf. R. L)和诺伊(Noe. R. A)在《组织行为学》一书中从个体差异性的角度出发总结了冲突的可能性来源,为我们理性解决冲突提供了一些参考。

　心灵小语

● 河流之所以能够到达目的地,是因为它懂得怎样避开障碍。
● 记住,最好的人际关系是相互关爱,而不是相互需要。

实训日志

项目 3　实训日志，如表 3-3 所示。

表 3-3　实训日志

日期		天气	

主要实训内容：

体会与感想：

努力方向：

项目 4 意志力与市场敏感训练——环城走

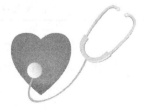

实训目标

◇ 培养学生坚强的意志力、强烈的进取心、顽强的拼搏精神。

◇ 培养学生的团队协作能力,在团队活动过程中体验关爱、责任、快乐。

◇ 让学生认识城市功能分区和规划,形成对市场的整体印象。

◇ 培养学生的市场敏感。

项目描述

通过按规定路线进行团队环城走,完成相关任务。时间为 3 个小时左右。

实施步骤

步 骤 一　准 备 工 作

(1) 穿着准备:穿着舒适衣裤,轻便鞋子,不携带重量大的背包。

(2) 物品准备:准备好饮用水,带笔记本和笔,摄影器材。

(3) 教师任务书准备:教师事先准备好任务书,每个小组一份(任务书样表如表4-1所示)。

表 4-1　任务书示例(以浙江省丽水市为例)

行走路线	校门出发—中山街—人民路—花园路—大洋路—终点滨水公园门口(路线选择最好能经过城市的各个功能分区,以代表城市全貌)
任务内容	记录一家超市、一家银行、一个小区、一家宾馆、一家饭店、一家娱乐会所、一个家装商店、一个学校(包括幼儿园)、一个公交车站点和经过的公交车路线(起点—终点)
任务要求	不借助任何交通工具,步行完成任务; 以团队所有成员到达终点的时间为计算点; 记录内容最好以照片的形式呈现; 最后须画出行走路线图; 分析经过的商圈情况
任务时间	3 小时为宜
安全注意	注意交通安全,遵守交通规则,步行走人行道,不闯红灯,注意周边车辆; 注意财物安全,不带大量现金,不戴贵重饰品,保管好手机和相机; 注意人身安全,团队拍照做记录的时候,团队相互协作

(4) 安全教育准备:教师必须教授安全知识。

(5) 团队士气准备:每个团队出发前进行激励,如口号激励等。

步骤二　任务进行中

（1）同学根据路线任务进行环城走，可以灵活地选择一些路径，如人民路有小区通往花园路，也可以从小区道路通过。

（2）教师在关键地点进行观察，如标志性地点、必经路口等。

（3）适当时候给予鼓励。

步骤三　城区规划介绍

（1）教师提前到终点等候。

（2）教师听取各个团队的"环城走"过程汇报。

（3）教师根据行走路线做详细的城市规划介绍。

（4）学生做好记录。

步骤四　思考提升

（1）学生根据行走路线，简单画出路线图。

（2）根据城市规划，对城市商圈进行分析。

（3）学生对意志力和团队合作进行一些思考，获得提升。

（4）所有成员到达终点后，对本项目进行考核点评，详情如表4-2所示。

表4-2　考核表

考核项目（分值小计）	评价指标	分值	得　分
准备阶段（35分）	1. 服装准备	5	
	2. 工具准备	5	
	3. 团队士气	10	
	4. 守时	10	
	5. 决策速度	5	
"环城走"过程（40分）	1. 速度	20	
	2. 遵守交通规则	10	
	3. 团队配合	10	
学习城市规划（25分）	1. 认真听	5	
	2. 认真记笔记	5	
	3. 有效回顾	5	
	4. 记录资料完整	10	
总　分		100	

注：加分项目：第一名到达获3个奖励；第二名到达获2个奖励；第三名到达获1个奖励。

　　总分＝得分（　　　）＋奖励（　　　）

根据以上思考内容回答以下一些问题。

（1）你所走过的路线是怎么样的？

（2）将你记录的任务填入表 4-3 中。

表 4-3　任务记录表

超市名称		地址	
银行名称		地址	
小区名称		地址	
宾馆名称		地址	
饭店名称		地址	
娱乐会所名称		地址	
家装商店		地址	
学校名称		地址	
某路公交车站点名称			
经过站点的公交车	几路：　　起点：　　终点：		
	几路：　　起点：　　终点：		
	几路：　　起点：　　终点：		
	几路：　　起点：　　终点：		

（3）你感觉到你经过了几个商圈？（如商业街在哪里？有什么印象？）

（4）你对城市功能分区的印象是什么？

（5）你们有没有遭遇泄气的时候？如何克服？

 知识点拨

一、意志力

意志力是心理学中的一个概念，是指一个人自觉地确定目的，并根据目的来支配、调节自己的行动，克服各种困难，从而实现目的的品质。意志力的强弱对一个人的行为甚至一生能否做出贡献和成就,都有重大的影响。孟子说:"天将降大任于斯人也,必先苦其心志,劳其筋骨,饿其体肤,空乏其身,行拂乱其所为,所以动心忍性,增益其所不能。"这段话生动地说明了意志力的重要性。

意志力是个性的重要组成部分,对个性的发展具有十分重要的意义。法国生物学家巴斯德(L. Posteur)说过一段话:"立志、工作、成功,是人类活动的三大要素。立志是事业的大门,工作是登堂入室的旅程,这旅程的尽头就有个成功在等待着。"这段话说明,意志在人的成才、成事中具有极为重要的作用。

意志力可被视为一种能量,而且根据能量的大小,还可判断出一个人的意志力是薄弱的,还是强大的;是发展良好的,还是存在障碍的。当人们善于运用这一有益的力量时,就会产生决心,而人有决心就说明意志力在起作用。人的心理功能或身体器官对决心的服从,说明了意志力存在的巨大力量。

良好的意志力品质表现在自觉、坚忍、果断和富有自制力。如自制力强的人,行为不易受外界影响,能自己管住自己。坚忍的人在行动过程中表现出不怕困难、不达目的不罢休的品质。

 知识拓展

意志力的培养

1. 积极主动

不要把意志力与自我否定相混淆,当它应用于积极向上的目标时,将会变成一种巨大的力量。

主动的意志力能让你克服惰性,把注意力集中于未来。在遇到阻力时,只要想象自己在克服它之后的快乐,积极投身于实现自己目标的具体实践中,你就能坚持到底。

2. 下定决心

美国罗得艾兰大学心理学教授詹姆斯·普罗斯把实现某种转变分为四步:

(1)抵制——不愿意转变。

(2)考虑——权衡转变的得失。

(3)行动——培养意志力来实现转变。

(4)坚持——用意志力来保持转变。

3. 目标明确

普罗斯教授曾经研究过一组打算从元旦起改变自己行为的实验对象,结果发现最成功的是那些目标最具体、明确的人。其中一名男子决心每天做到对妻子和颜悦色、平等相待,后来,他果真办到了;而另一个人只是笼统地表示要对家里的人更好一些,结果没几天又是老样子,照样吵架。

4. 权衡利弊

如果你因为看不到实际好处而对体育锻炼三心二意的话,光有愿望是无法使你心甘情愿地穿上跑鞋的。

普罗斯教授劝告前往他那儿咨询的人说,可以在一张纸上画好4个格子,以便填写短期和长期的损失和收获。假如你打算戒烟,可以在顶上两格填上短期损失(我一开始感到很难过)和短期收获(我可以省下一笔钱),底下两格填上长期收获(我的身体将变得更健康)和长期损失(我将减少一种排忧解闷的方法)。通过这样的仔细比较,聚集起戒烟的意志力就更容易了。

5. 改变自我

然而光知道收获是不够的,最根本的动力产生于改变自己形象和把握自己生活的愿望。道理有时可以使人信服,但只有在感情因素被激发起来时,自己才能真正加以响应。

6. 注重精神

大量的事实证明,假设自己像有顽强意志一样地去行动,有助于使自己成为一个具有顽强意志力的人。

7. 磨炼意志

早在1915年,心理学家博伊德·巴雷特曾经提出一套锻炼意志的方法。其中包括从椅子上起身和坐下30次以及把一盒火柴全部倒出来,然后一根一根地装回盒子里。他认为,这些练习可以增强意志力,以便日后去面对更严重更困难的挑战。巴雷特的具体建议似乎有些过时,但他的思路却给人以启发。例如,你可以事先安排星期天上午要干的事情,并下决心不办好就不吃午饭。

8. 坚持到底

俗话说"有志者事竟成",其中含有与困难做斗争并且将其克服的意思。普罗斯在对戒烟后又重新吸烟的人进行研究后发现,许多人原先并没有认真考虑如何去对付香烟的诱惑。所以尽管一开始鼓起力量去戒烟,但是最后还是不能坚持。当别人递上一支烟时,便又接过去吸了起来。

9. 实事求是

如果规定自己在3个月内减肥50千克,或者一天必须从事3个小时的体育锻炼,那么对这样一类无法实现的目标,再坚强的意志力也无济于事。而且,失败的后果最终会使自己连再次尝试的勇气都化为乌有。

10. 逐步培养

坚强的意志力不是一夜间突然产生的,它在逐渐积累的过程中一步步地形成。其间还会不可避免地遇到挫折和失败,所以必须逐步培养。

(资料来源:刑群麟.世界上最经典的1500道心理测试题.北京:中国言实出版社,2006)

二、培养市场敏感

1. 市场敏感

市场敏感也称为市场悟性,是指从各种信息中感悟市场的脉搏,对市场现状的分析能力以及对市场前景的预测能力。无论从事什么职业,"悟性"对于自身的成功都有着非比寻常的意义。因为市场永远是变化的,仅靠学校里学的理论知识是不够的,必须每天不断地进行专业化学习、习惯化思考。

2. 良好市场敏感应具有的素质

（1）观察力

观察力是指人们在对周围事物进行有目的、有计划地感觉过程中，能全面、深入、准确、迅速地把握周围事物特征的能力。观察不是随便看看，不是流于表面形式，而是需要以一种审视的心态，与思维活动联系起来。

亚里士多德成名的时候，崇拜他的人特别多，有个青年不远万里来向他求教。亚里士多德知道他的来意后，拿来一条鱼，要这个青年看一看，观察观察。这位青年心想，鱼天天吃，天天打交道，有什么好看的？因此，他漫不经心地看了一眼，结果什么也没有发现，就是一条常见的、普通的鱼。亚里士多德则再次要求他仔细、反复地看鱼。功夫不负有心人，那位青年终于发现了以前没有发现的鱼的一个特征，即鱼是没有眼皮的。所以，观察需要用心。

（2）辨别力

辨别力指分辨的能力，通过对现状的分析，去伪存真，得出正确的结论。孔子的一位学生在煮粥时，发现有脏的东西掉进锅里去了，他连忙用汤匙把它捞起来，正想把它倒掉时，忽然想到，一粥一饭都来之不易啊。于是便把它吃了。刚巧孔子走进厨房，以为他在偷食，便教训了那位负责煮食的同学，经过解释，大家才恍然大悟。孔子很感慨地说："我亲眼看见的事情也不确实，何况是道听途说呢？"

提高辨别力需要专业的知识，需要不断学习，不断实践，以不断提高透过现象看本质的本领，不断提高把握事物规律的本领，继而提高见微知著、由表及里、好中选优的辨别力。

（3）思考力

思考力是指通过事物的表面现象，经过正确的思维过程，看到事物的本质。所以，要留时间来经常静心思考，要拓展思考深度，延伸思考广度，提升思考的速度。

（4）表达力

表达力是指与团队、与客户的沟通能力。

（5）执行力

执行力是指对策划方案的实施能力，对计划及任务的完成能力，以及应对紧急突发事件的处理能力。

（6）前瞻力

前瞻力从本质来说是一种着眼未来、预测未来和把握未来的能力，要通过对市场细节的分析、研究，最终预测未来发展趋势，并提前采取应对措施。

3. 市场敏感的培养

（1）变兴趣为嗜好

获得诺贝尔物理奖的华人丁肇中说过："兴趣比天才重要。"一个人如果能根据自己的爱好去选择生涯，他的主动性将会得到充分发挥。即使十分疲倦和辛劳，也总是兴致勃勃，心情愉快。

把工作当成一种有趣的游戏，一种实现自身价值的手段，就会对这个工作表现出肯定的态度，并积极思考、探索和追求，时刻充满激情与发展的动力，不断地挖掘自己的潜力。

爱迪生就是个很好的例子。他几乎每天都在实验室里辛苦工作十几个小时,在那里吃饭、睡觉,但丝毫不以为苦,他说:"我一生中从未间断过一天工作","我每天感觉其乐无穷"。

(2) 和市场亲密接触

毛泽东曾说过:"没有调查,就没有发言权。"市场敏感来自对市场的亲密接触,以及对市场信息的辛勤收集与仔细分析。麦当劳在北京的分店于 1992 年 4 月 23 日开业。但早在 8 年前,美国麦当劳总部就派出专家,不辞辛苦,深入河北、山西等地对上百种马铃薯进行考察,对其成分逐一进行分析和测定,最后确定麦当劳的专用马铃薯。此项活动既可以就地取材,减少成本,又有效地保证了麦当劳产品的质量。所以,不要整天在办公室里做决策,深入市场才能获得真知。"不经一事,不长一智",人的成长是从挫折中得来的,同样,"悟性"也是从实践中感悟出来的。

(3) 吃苦耐劳的精神

没有吃苦耐劳的精神,做任何事情都不可能成功。在一次演讲中,有人问 69 岁的日本推销大师原一平其推销的秘诀是什么,他当场脱掉鞋袜,将提问者请上讲台,说:"请你摸摸我的脚板。"提问者摸了摸,十分惊讶地说:"您脚底的老茧好厚呀!"原一平说:"因为我走的路比别人多,跑得比别人勤。"由此可见,具有吃苦耐劳的精神,是一个人成就事业的基本条件。

(4) 用特殊的眼光观察

有两个中国台湾观光团到日本伊豆半岛旅游,路况很坏,到处都是坑洞。其中一位导游连声抱歉,说路面简直像麻子一样。而另一个导游却诗意盎然地对游客说:"诸位先生女士,我们现在走的这条道路,正是赫赫有名的伊豆迷人酒窝大道。"要做专业人,就要练就专业的眼光,要让观察变成一种职业习惯。

时常注意身边的市场活动,注意其他企业的行动及活动,向他人学习,或者反省自己,不断努力培养自己对市场的敏感度。

(5) 触类旁通的习惯

触类旁通是指把握了某一事物的知识或规律,进而推知同类事物的知识或规律。世上万事万物都是相互联系的,尤其是在管理领域,要学习和借鉴其他人或其他领域的精华为我所用,要养成触类旁通、举一反三的思考习惯。平时关注时事,对各种社会焦点充满好奇心,养成评论的习惯,也可以多研究历史与战争,古为今用。

(6) 不断分析与总结

发明家爱迪生想从植物体中找出天然橡胶的新原料,做了无数次的实验。当他在第五万次实验失败后,他的助手垂头丧气地对他说:"先生,我们已经做了五万次的实验了,都毫无结果。""有结果!"爱迪生热切地叫出声来:"怎么会没有结果呢?我们有了不起的发现呀,我们现在已经知道有五万种东西是不行的!"这就是分析与总结。

"悟性"不是一朝一夕就会拥有的,培养"悟性"需要时间,以及充足的经验和阅历。相对来说,时间越长,经验和阅历越多,"悟性"提高得也越快。因此,需要不断地进行分析与总结,理论联系实际,构建自己独特的知识结构与思维方式,然后形成自己独有的一套管理理论与做事方式。

(7) 正确地独立思考

一个餐馆老板询问他的员工:如果上餐时手上的托盘不稳,又救之不及应该怎么办?

大部分都说,没办法,只能让托盘倒下来了。但是,让托盘怎么倒,才能减少至最小的伤害呢?答案是:用最后一点力量,使托盘倒向远离客人的地方;如果周围都有客人,则倒向大人,远离小孩;倒向男人,远离女人;倒向人的身体,远离人的要害部位。

这是一种遇到危机时的思考方式,遇到这样的情况,并不是每个人都能及时准确地做出反应,所以,在日常生活中,每个人都要拥有自己独有的一套思维方式,要学会独立地思考,即使是向专家请教,之后仍要自己独立分析、思考,提高辨别力。自信从独立思考开始。

(8)时刻交流与学习

每个人都有自己的长处,都有自己擅长做的事情,要乐于做学生,因为从每个人身上都能学到新的东西。坚信"三人行,必有我师",不仅要向专家们学习,更要向普通的消费者学习、向局外人学习、向讨厌的人学习,不断学习才能不断进步,不断提高自身素养。

同时,拓宽视野,博览群书,积累相关知识,增长见识,也能增强自己的洞察力和辨别力。

三、城市功能分区

1. 什么是城市功能分区

城市功能在国家或地区中发挥政治、经济和文化作用,它反映城市的个性和特点。城市功能也称为城市职能,是由城市的各种结构性因素决定的机能或能力,是城市在一定区域范围内的政治、经济、文化、社会活动所具有的能力和所起的作用。城市功能分区是实现城市职能的载体,集中地反映了城市的特性,是现代城市存在的一种形式。

城市功能分区是按功能要求将城市中各种物质要素,如工厂、仓库、住宅等进行分区布置,组成一个互相联系、布局合理的有机整体,为城市的各项活动创造良好的环境和条件。一般城市有以下主要功能区:居住区、工业区、仓库区、对外交通区等,有些城市还有行政区、商业区、文教区、休养疗养区等。城市功能区的划分并不意味着机械地、绝对地划分城市用地,例如,居住区主要布置各种住房建筑和生活服务设施,但也可布置一些不污染环境,货运量不大的工业企业;工业区主要布置工厂和有关的动力、仓库、运输等设施,但也有必要设置一些生活服务设施,以及某些科研机构等。至于市级行政经济机构、高等院校、科学研究设计机构、大型体育设施等,一般可以相对集中地布置在独立的区域或地段内,有些也可以布置在居住区内。

2. 影响城市功能分区的因素

一个城市的功能分区跟这个城市的历史因素、经济因素、社会因素、行政因素有关。如受历史因素的影响,上海市中心商务区就体现出了继承历史基础上的创新,把浦西的外滩(传统的商务中心)和浦东的陆家嘴(新建的金融贸易区)连接起来共同组成上海的现代化商务中心。在中国,由于城市历史背景复杂,历史因素对城市地域功能分区的形成作用更加明显,城市的发展和更新改造需要考虑如何继承和保持城市特色。同时,作为政府行为的行政规划对城市功能分区的形成也起到了越来越重要的作用。政府制定的规划,规定了哪里只允许建工厂,哪里可建住宅,并受到城市规划法的保护。如我国许多城市新兴工业园的建设,一定程度上可看成是行政干预的结果。

3. 城市功能分区示例

（1）北京通州：北京城市总体规划确定了"两轴两带多中心"的发展战略，也提出了在东部发展带上发展通州、顺义、亦庄三个重点新城。通州是作为东部发展带和"一轴"长安街沿线的交会节点，通州新城是北京未来发展的新城区和综合服务中心，通州新城重点引导发展行政办公、商务金融、文化、会展等。

（2）四川成都：成都功能区围绕城市中心呈同心圆状分布，市中心是商业、行政、居住混合区，居住区、文化区主要分布在二环路以内，工业区比较分散，主要分布在二环路以外。

（3）浙江丽水：城市定位为青山碧水、环境优美、设施完善、具有山水特色的现代化"绿色生态城市"。并有明确的功能分区，分别如下。

- 行政中心位于人民路以北、城北路以南、中山街以东、紫金路以西范围内，形成一个相对完整的行政功能区。
- 工业用地呈"两区一点"布局，即天宁工业区、水阁工业区和纳爱斯工业点。
- 两个文化中心分别设在江滨区块和市政广场东侧。
体育中心保留现有体育馆，新建两处体育场。
- 科研文教区以现状为基础，沿北环路西段一带形成集中的科研文教区，中小学结合居住区根据服务半径布局。
- 商业中心在老城区进行改造，调整布局，同时在江滨区块兴建一个商业区，形成集商饮、文化、休闲、娱乐为一体的现代化综合中心区。
- 旅游以山水特色形成环山、环水旅游线。

案例链接

案例一 两只青蛙

两只青蛙在草地上玩耍，一不小心都掉进了一个农夫的牛奶桶里，桶里装有不少的牛奶。它们很懊恼，本能地开始弹跳，一次一次地拼命地往上跳。可惜，桶口很高，它们反复地尝试了无数次，都没有成功。

其中一只青蛙想：这下全完了，一点儿希望都没有了，我永远都跳不出去了。很快，这只青蛙感觉到越来越没有力气，感觉跳得越来越低，慢慢地就跳不动了，牛奶渐渐淹没了它的头、它的身体，而它最后沉入了桶底。

另一只青蛙继续不停地在跳，看着同伴的消失，它并没有沮丧。一次一次地坚持，不知跳了多少次，这只青蛙惊奇地发现脚下的牛奶变坚实了，自己竟然能够站起来了。原来，通过反复地践踏和振动，牛奶已经渐渐变稠密，竟然成了一块奶酪。

这只青蛙终于跳出了奶桶，回到了大自然。

案例点评：
意志力就是坚持不放弃。人们在生活中常常会遇到许多意想不到的困难，这些困难甚至会使人认为目标无法实现。但是,顽强的意志力会产生百折不挠的力量,每一次努力都会让我们离成功更近一步。

案例二 输液管传来的声音

这是一个发生在第二次世界大战期间非常著名的实验。实验者是一名军医,而实验对象则是一个即将被处死的俘虏。

军医将俘虏的双眼蒙住,绑在一张床上。军医在俘虏的手腕静脉处扎入一支注射针头,并导上一根输液管,在床侧放一个盆,然后对俘虏说:"我们将放你的血,直到你流尽最后一滴血为止!"不一会儿,俘虏就听到液体滴落在盆里的声音——滴答,滴答。一个小时过去了,两个小时过去了……俘虏镇定的心开始慌乱起来。后来神志就不怎么清醒了,并渐渐地失去了知觉……两天后,那个军医再观察俘虏时,发现他已经死了。

其实,军医并没有放俘虏的血,那根输液管的另一端是封闭的。那种液体滴在盆里的滴答声,是由一个底部有小孔的容器装水让其滴落在盆中发出的。俘虏的死是因为其求生的欲望和意志,已被那误以为是血滴在盆中的一直持续不断的滴答声消磨殆尽了。

案例点评:

意志力是一种能量,是人的心理功能或身体器官对决心的服从。如果你丧失了意志,你就失去了战胜困难的勇气,你就失去了生命的目标。坚强的意志力可以创造一种全神贯注于既定目标的状态。坚忍之心是成功的根基。

案例三 不要轻易地放弃,也许成功就在最后一刻

熊邦欣是一个加拿大多伦多的年轻华裔,她在 2008 年北京奥运会上担当中央电视台第九频道奥运会全球转播重任。能获得这个机会完全来自她不放弃努力的结果。

2006 年 9 月,在加拿大担任电台主播的熊邦欣就来到了北京,开始独立生活,并有了自己的朋友圈,著名笑星大山就是其中的一个,他们早在 2004 年一次采访活动中就已经结识。熊邦欣来北京发展,第一个想到的就是大山。

2006 年 11 月,熊邦欣得知中央电视台在招聘奥运会英语主持人,不过,招聘工作好像已经结束了,但性格外向活泼的熊邦欣从小就热爱运动,无论是游泳、滑冰、滑雪、篮球和田径,她都很在行,对于报道奥运会的任务十分向往。当听到招聘已经结束的消息时,多少有些失望,但她并没有就此放弃。

熊邦欣抱着试试看的心态,给大山打了一个电话,她不知道大山是否会帮忙,并做了最坏的打算。但是即使大山这条路走不通,她也还要另想办法去了解此次招聘的情况,直到中央电视台定下最终人选,自己才甘愿死心。

没想到,大山告诉她好消息:电视台还没有确定最后人选。熊邦欣经过一番深思熟虑,觉得在这种情况下,自己还有机会,还可以争取。她立即着手进行应聘准备,她将自己在加拿大多伦多电台工作的片段制作成一张 DVD,连同有关材料寄给了中央电视台。在耐心等待两个星期后,熊邦欣收到了中央电视台的面试通知。

最后,熊邦欣凭着扎实的英语功底、电台的工作经历,再加上形象颇佳,顺利地拿到了

中央电视台的正式录用通知,获得了自己想要的工作。

(资料来源:极速信息港 http://news.7su.com)

案例点评:

在常人眼里,面试结束就意味着招聘工作的结束。虽然熊邦欣没有赶上面试、复试,可她仍不放弃,最后如愿以偿。如果自己确有竞争实力的话,失去机会并不预示着失去一切,相信自己,通过各种手段加以弥补,成功就在那最后一刻的不放弃与坚持中。

案例四 一所房子

有一个年轻人出去旅行,当火车经过一片荒无人烟的地方时,旅客们只有百无聊赖地看着窗外打发时间。当火车开到一个拐弯处,速度渐渐慢了下来,突然一座简陋的平房徐徐进入他们的眼帘。而穷极无聊的游客们此时却来了精神,个个伸长脖子,瞪大眼睛,纷纷议论这道亮丽的风景线。

这一切都印在了这个年轻人的心里。返途时,他半道下了车,千方百计找到了这个房子的主人,并说服主人,自己花了2万元买了这个房子。这个年轻人敏感地意识到,这是一个绝佳的地方。因为火车到这个拐弯时都要减速,疲倦的旅客刚好可以放松心情欣赏窗外的风景,这个房子迅速成为视觉的焦点,吸引了大家的注意力,做墙体广告是再好不过了。

很快,可口可乐公司看中了这个广告墙,在3年的租期内,付给这个年轻人18万元租金。

案例点评:

这是一座普通的房子,如果用来居住也许并不是最佳的选择。但是做广告,却发挥了它超乎寻常的价值。发现寻常事物不寻常的地方,需要职业敏感,需要用眼观察、用心体会。

案例五 晒太阳的猫

丹麦有一位医生,一天,他发现在院子里晒太阳的小猫,有个奇怪的动作。只要太阳向西移一点,旁边大树影子就会向小猫移一点,而小猫就立刻挪动它的身子,逃出树影,坚决不离开太阳光的照射。医生感到很奇怪:又不是寒冷的天气,小猫没必要借太阳光取暖呀!

于是,医生来到小猫身边,细心观察这只小猫,看看它有什么与众不同的地方。他终于发现,这只小猫受伤了,伤口在流脓。接下来的几天里,医生一直跟踪观察这只小猫,发现小猫的伤口竟然全好了。

医生的职业习惯让他做出大胆联想:太阳光能促使小猫的伤口愈合,会不会同样帮助人们治疗疾病呢?于是,经过多次实验,他成功了。他撰写的《光对人体的生理作用》等研究论文,获得了世界科学的最高荣誉——诺贝尔奖,他就是尼里斯·劳津。

案例点评:

猫晒太阳,是生活中一件平常的小事,很多人都不会把它放在心里。但是尼里斯·劳津运用他的职业敏感,科学地进行观察和思考,却成了一项重大的发现。善于学习,善于观察,为自己的大脑赋予一双“聪慧”的眼睛,你会获得更多机会。

案例六　最短的路未必最快

有一天,一个小职员正赶着上班,这天他的公司有一个很重要的会议,会议中的表现关乎到他能否升职,所以不能迟到。无奈他的闹钟却在今晨坏掉了,最糟糕的是还有 20 分钟会议便要开始了。

小职员唯有改乘出租车,希望能来得及参加会议。

好不容易他才拦到了一辆出租车,匆匆忙忙上车后,他便对司机说:"司机先生,我很赶时间,拜托你走最短的路!"

司机问道:"先生,是走最短的路,还是走最快的路?"

小职员好奇地问:"最短的路不是最快的吗?"

"当然不是,现在是繁忙时间,最短的路都会交通堵塞。你要是赶时间的话便得绕道走,虽然多走一点路,却是最快的方法。"

听了司机的话,小职员最后还是选择走最快的路。途中他看见不远处有一条街道交通堵塞得水泄不通,司机解释说那条正是最短的路。司机所言不差,多走一点路果然畅通无阻,虽然路程较远,却很快便到达了目的地。

小职员最终也赶得上会议。

案例点评:

看到这个案例,引申为人生哲理,往往要告诉人们,不能急功近利,别以为走快捷方式可以用最小的体力最快到达目的地,有时候走长一点的路虽然在一开始必须多付出一点时间,最终将会是最快到达目的地的方法,要大家更务实一些,要懂得用时间去换取,不要幻想一步登天。但是,从城市功能的角度来讲,最快的路与最长的路反映了城市规划、交通规划、设计、运营组织管理和控制的问题。

 # 项目体验

体验一　心理小测试:了解自己的意志力

通过下面的测试,能帮助你了解你的意志力,给自己学习和工作提供一些有益的帮助。下面 A、B 卷共 26 道测试题,请根据你的情况作答。

A 卷

1. 你喜爱体育运动,因为这些运动能够增强你的体质和毅力。(　　)

 A. 完全符合我的情况　　　　　　　B. 比较符合我的情况

 C. 一时难以确定是否符合我的情况　D. 不大符合我的情况

 E. 完全不符合我的情况

2. 你总是很早起床、从不睡懒觉。(　　)

 A. 完全符合我的情况　　　　　　　B. 比较符合我的情况

 C. 一时难以确定是否符合我的情况　D. 不大符合我的情况

 E. 完全不符合我的情况

3. 你信奉不干则已,干就要干好的格言。(   )

    A. 完全符合我的情况　　　　　　　　　B. 比较符合我的情况

    C. 一时难以确定是否符合我的情况　　　D. 不大符合我的情况

    E. 完全不符合我的情况

4. 你投入地做一件事,是因为其重要,应该做,而不是因为兴趣。(   )

    A. 完全符合我的情况　　　　　　　　　B. 比较符合我的情况

    C. 一时难以确定是否符合我的情况　　　D. 不大符合我的情况

    E. 完全不符合我的情况

5. 当工作和娱乐发生冲突的时候,你会放弃娱乐,虽然它很有吸引力。(   )

    A. 完全符合我的情况　　　　　　　　　B. 比较符合我的情况

    C. 一时难以确定是否符合我的情况　　　D. 不大符合我的情况

    E. 完全不符合我的情况

6. 你下定决心要坚持做下去的事,不论遇到什么困难,你都能持之以恒。(   )

    A. 完全符合我的情况　　　　　　　　　B. 比较符合我的情况

    C. 一时难以确定是否符合我的情况　　　D. 不大符合我的情况

    E. 完全不符合我的情况

7. 你能长时间做一件非常重要但却无比枯燥的工作。(   )

    A. 完全符合我的情况　　　　　　　　　B. 比较符合我的情况

    C. 一时难以确定是否符合我的情况　　　D. 不大符合我的情况

    E. 完全不符合我的情况

8. 一旦决定行动,你一定说干就干,绝不拖延。(   )

    A. 完全符合我的情况　　　　　　　　　B. 比较符合我的情况

    C. 一时难以确定是否符合我的情况　　　D. 不大符合我的情况

    E. 完全不符合我的情况

9. 你不喜欢盲从别人的意见和说法,而善于分析、鉴别。(   )

    A. 完全符合我的情况　　　　　　　　　B. 比较符合我的情况

    C. 一时难以确定是否符合我的情况　　　D. 不大符合我的情况

    E. 完全不符合我的情况

10. 凡事你都喜欢自己拿主意,别人的建议只做参考。(   )

    A. 完全符合我的情况　　　　　　　　　B. 比较符合我的情况

    C. 一时难以确定是否符合我的情况　　　D. 不大符合我的情况

    E. 完全不符合我的情况

11. 你不怕做没做过的事情,不怕独自负责,你认为那是锻炼机会。(   )

    A. 完全符合我的情况　　　　　　　　　B. 比较符合我的情况

    C. 一时难以确定是否符合我的情况　　　D. 不大符合我的情况

    E. 完全不符合我的情况

12. 你和同事、朋友、家人相处,从不无缘无故发脾气。(   )

    A. 完全符合我的情况　　　　　　　　　B. 比较符合我的情况

C. 一时难以确定是否符合我的情况　　　　　D. 不大符合我的情况

E. 完全不符合我的情况

13. 你一直希望做一个坚强的、有毅力的人。（　　）

    A. 完全符合我的情况　　　　　　　　　　B. 比较符合我的情况

    C. 一时难以确定是否符合我的情况　　　　D. 不大符合我的情况

    E. 完全不符合我的情况

B 卷

1. 你给自己订了计划，但常常因为主观原因不能完成计划。（　　）

    A. 完全符合我的情况　　　　　　　　　　B. 比较符合我的情况

    C. 一时难以确定是否符合我的情况　　　　D. 不大符合我的情况

    E. 完全不符合我的情况

2. 你的作息时间没什么标准，完全靠一时的兴趣与情绪决定，且常常变化。（　　）

    A. 完全符合我的情况　　　　　　　　　　B. 比较符合我的情况

    C. 一时难以确定是否符合我的情况　　　　D. 不大符合我的情况

    E. 完全不符合我的情况

3. 你认为凡事不能太累，做得成就做，做不成就算了。（　　）

    A. 完全符合我的情况　　　　　　　　　　B. 比较符合我的情况

    C. 一时难以确定是否符合我的情况　　　　D. 不大符合我的情况

    E. 完全不符合我的情况

4. 有时你临睡前发誓第二天要干一件重要事情，但第二天却又没兴趣干了。（　　）

    A. 完全符合我的情况　　　　　　　　　　B. 比较符合我的情况

    C. 一时难以确定是否符合我的情况　　　　D. 不大符合我的情况

    E. 完全不符合我的情况

5. 你常因为读一本妙趣横生的小说或看一个精彩的电视节目而忘记时间。（　　）

    A. 完全符合我的情况　　　　　　　　　　B. 比较符合我的情况

    C. 一时难以确定是否符合我的情况　　　　D. 不大符合我的情况

    E. 完全不符合我的情况

6. 如果你工作中遇到了什么困难，首先想到请教别人有什么办法。（　　）

    A. 完全符合我的情况　　　　　　　　　　B. 比较符合我的情况

    C. 一时难以确定是否符合我的情况　　　　D. 不大符合我的情况

    E. 完全不符合我的情况

7. 你的爱好广泛而善变，做事情常常因为心血来潮。（　　）

    A. 完全符合我的情况　　　　　　　　　　B. 比较符合我的情况

    C. 一时难以确定是否符合我的情况　　　　D. 不大符合我的情况

    E. 完全不符合我的情况

8. 你喜欢先做容易的事情，困难的能拖就拖，不能拖时则马虎应付了事。（　　）

    A. 完全符合我的情况　　　　　　　　　　B. 比较符合我的情况

    C. 一时难以确定是否符合我的情况　　　　D. 不大符合我的情况

E. 完全不符合我的情况

9. 凡是你认为比你能干的人,你都不会太怀疑他们的看法。（　　）

    A. 完全符合我的情况　　　　　　　　B. 比较符合我的情况

    C. 一时难以确定是否符合我的情况　　D. 不大符合我的情况

    E. 完全不符合我的情况

10. 遇到复杂莫测的情况,你常常拿不定主意。（　　）

    A. 完全符合我的情况　　　　　　　　B. 比较符合我的情况

    C. 一时难以确定是否符合我的情况　　D. 不大符合我的情况

    E. 完全不符合我的情况

11. 你生性胆小怕事,没有百分之百把握的事情,你从来不敢做。（　　）

    A. 完全符合我的情况　　　　　　　　B. 比较符合我的情况

    C. 一时难以确定是否符合我的情况　　D. 不大符合我的情况

    E. 完全不符合我的情况

12. 与人发生争执时,有时明知自己不对,你却忍不住要刺伤甚至辱骂对方。（　　）

    A. 完全符合我的情况　　　　　　　　B. 比较符合我的情况

    C. 一时难以确定是否符合我的情况　　D. 不大符合我的情况

    E. 完全不符合我的情况

13. 你相信机会的作用大大超过个人的艰苦努力。（　　）

    A. 完全符合我的情况　　　　　　　　B. 比较符合我的情况

    C. 一时难以确定是否符合我的情况　　D. 不大符合我的情况

    E. 完全不符合我的情况

将答案填入表 4-4,并统计得分。

表 4-4　意志力测试答题卡

题号	1	2	3	4	5	6	7	8	9	10	11	12	13	小计
A卷答案														
得分														
B卷答案														
得分														

总分:A卷(　　　)分 ＋ B卷(　　　)分＝(　　　)分

注:A卷试题中,A、B、C、D、E 依次得 5、4、3、2、1 分。

    B卷试题中,A、B、C、D、E 依次得 1、2、3、4、5 分。

结果说明:

总得分在 110 分以上者,意志力十分惊人。

总得分为 101～109 分者,意志力坚强。

总得分为 91～100 分者,意志力较坚强。

总得分为 71～90 分者,意志力一般。

总得分为 51～70 分者,意志力比较薄弱。

总得分在 51 分以下者,意志力十分薄弱。

提示：意志力并非是生来就有或是具有不可改变的特征的，它是一种能够培养和发展的技能。

体验二　坚持完成一件简单的事情

培养意志力过程，大多要配合一个计划实施的过程，使人能够习惯于有效管理自己。那么，不妨从小事开始养成习惯。

（1）刷牙一定要刷三分钟。

（2）坚持每天记录一则新闻。

（3）打扫卫生就力求做完美，不放弃任何角落。

（4）每天坚持爬 100 级楼梯。

（5）坚持把一本书看完。

（6）每天坚持俯卧撑，女生可以做仰卧起坐。

操作注意：

（1）你可以选择其中的一个或两个内容来进行练习，或者找到其他自己能简单完成的事情。

（2）对于每一个要克服的障碍，都离不开意志力。做完成任务后，每天做一个记录，用数字来证明你的意志力。

（3）适当进行自我奖励，比如完成了 10 次以后，给自己一个礼物。

（4）告诉自己这样做的好处。如我的身体将变得更健康。

（5）找一个人与你一起竞赛或监督你。

开始吧，记住，一定要坚持。

体验三　做个有心人

"处处留心皆学问"，只要勤于观察，善于分析，总会找到有价值的东西。

1. 全身总动员

人类感觉外界世界的主要途径有视觉、听觉、嗅觉、味觉和触觉。心理学研究表明，在观察中，综合运用这些感觉方式能提高大脑的兴奋性，从而提高观察的全面性与准确性。一边观察，一边运用你的思维，加深对事物的印象，以便于理解、记忆。

问题：请描述一下苹果和梨的区别与共同点，概括得越多越好。

_____

_____

_____

_____

_____

_____

2. 培养观察能力

细心留意你生活周边的事物,看看你从中获得什么。

(1) 本周新闻的最大热点是什么? 收集评论看看对同一事件的不同看法。

(2) 本地报纸本周新闻排行有哪些? 有没有关于你的专业方面的报道,是否能从这些新闻当中找到一些线索?

(3) 逛一次街,收集不同商场的促销方案,详细对比,看看有什么不同。

(4) 这天校园有什么新变化:有多出的户外广告吗? 有产品促销点吗? 有学术讲座吗? 有哪些集体活动?

 心灵小语

- 每一个人都想知道山那边是什么,其实那边并没有什么。当爬上去时,才觉得这个过程很美好。
- 生活的根基不仅包括我们得到的所有答案,而且还包括我们提出的所有问题。

 # 实训日志

项目 4 实训日志如表 4-5 所示。

表 4-5 实训日志

日期		天气	

主要实训内容:

体会与感想:

努力方向:

U

NIT FIVE

项目 5

学习力训练
——实战案例学习

实训目标

◇ 通过观看商业实战影视资料,让学生学习各个专题实战的程序。
◇ 形象地学习组织能力、管理能力、沟通技巧等在实战中的应用。
◇ 形成良好的职业能力认识和职业心理素质认识。
◇ 学习企业家精神,培养创新、创业意识。
◇ 培养学生学习力、分析力。

项目描述

在规定的时间内,观看商业实战影视资料,边看边记录边思考,团队成员可以适当进行交流。重在观看过程中学习。

实施步骤

步骤一 准 备

(1)准备多媒体教室,确保影音播放质量。
(2)准备商业实战的影视资料。如"赢在中国商业实战"、"绝对挑战"等。
(3)对学生进行项目讲解,明确本项目所要达到的目的。

步骤二 学 生 观 看

(1)学生观看。
(2)教师根据实际情况进行适当点拨。如可以暂停某个任务,让学生讨论可采取哪些方法,然后对比实战进程,可以引导学生思考。

步骤三 思 考 提 升

1. 让学生完成相关的任务

可以根据商业实战项目来进行灵活设置,如对"赢在中国商业实战——红酒超市促销"进行相关题目设计。

(1)你清楚比赛规则了吗? 请复述。

（2）根据你的经验或知识,他们接到任务后,应该做哪些工作? 请列举。

（3）对于习惯在办公室发号施令的领导者来说,进行超市促销最大的心理挑战是什么?

（4）分析各位选手的推销方法,你认为他们有哪些优点? 哪些弱点?

（5）你对限定销售任务指标的看法怎样?

（6）你是如何看待突然出现的团购的?

（7）在专家点评阶段,注意各位选手的自我辩护,请记录优秀的表达内容。

（8）你认为整个促销活动中,从策略上应该如何进行改进?

（9）在促销活动中，考验领导者什么内容？考验团队哪些方面的内容？

（10）在促销活动中，考验个人什么方面的内容？请从知识、能力等方面展开说明。

2. 考核

完成本项目的考核，详情如表 5-1 所示。

表 5-1　考核表

考核项目（分值小计）	评价指标	分值	得分
学习过程（30 分）	1. 听清任务	10	
	2. 观看投入	10	
	3. 遵守纪律	10	
学习方法（40 分）	1. 看过程	10	
	2. 记要点	10	
	3. 适当讨论	10	
	4. 团队合作	10	
学习态度（30 分）	1. 团队所有成员守时	10	
	2. 观看积极主动	10	
	3. 善于思考，讨论活跃	10	
总　分		100	

知识点拨

一、学习和学习力

1. 学习

学习中的"学"主要是通过观察、发现问题并解决问题、对话以及行动等方式，获取环境中的信息，并根据现有意义结构进行解释，从而建构或重构知识的过程。学习中的"习"主要是根据习得的知识，设计行动方案，然后通过行动、直接经验以及体味与反思，形成概念，并主动实验、反复练习，应用知识，从而提高行动能力的过程。学习，广义上讲，是指人和动物在生活中获得个体的行为经验以及行为变化的过程。最狭义地说，是专指知识和技能的获得。学习是人的本性，每个人生来就具有学习的能力。也正是由于人类具有探索未知事物的好奇心，才有了人类社会物质、精神文明的持续进步。学习的本质在于发现新的事物、掌握新的技能。管理学者派瑞曼 1984 年指出："到下世纪初,美国将有 3/4 的工作是创造和处理知识。知识工作者将意识到,持续不断地学习不仅是获得工作的先决条件,而且是一种主要的工作方式。"

心理学不同流派对学习所下定义不尽相同,巴甫洛夫认为学习就是条件的作用;班杜拉认为学习是指通过观察模仿示范者的行为而习得新的知识的行为;托尔曼认为学习是对符号意义的认识而形成认知地图;苟勒认为学习是对情景中各种关系的顿悟而形成完形。总之,学习是一个动态的过程,学习是成长的方式,选择学习就是选择进步。

2. 学习力

学习力一词最早出自于 1965 年美国人佛睿斯特写的一篇文章。他运用系统动力学原理非常具体地构想出未来企业的思想组织形态——层次扁平化、组织咨询化、系统开放化,逐渐由从属关系转向工作伙伴关系,不断学习、不断重新调整结构关系。简单来说,学习力是学习动力、学习毅力、学习能力和学习创新力的总和。学习力是把知识资源转化为知识资本的能力。曾任壳牌石油公司总策划师长达 38 年的阿里·德·赫斯在《长寿公司》一书中曾说:"任何别的公司可以学到你的管理方法,得到你的技术,分享你的市场。但它却无法夺走你的学习能力。"

学习力包括四个方面的内容:一是学习的知识总量,即个人学习内容的宽广程度和组织与个人的开放程度;二是学习的知识质量,即学习者的综合素质、学习效率和学习品质;三是学习流量,即学习的速度及吸纳和扩充知识的能力;四是知识增量,即学习成果的创新程度以及学习者把知识转化为价值的程度。

3. 良好学习力的要素

良好的学习力包括以下三个方面要素。

一是目标引发的动力。一个人、一个组织是否有很强的学习力,完全取决于这个人、这个组织是否有明确的奋斗目标。

二是过程中的毅力。毅力存在于每一个健康人的体魄之中,会给学习提供源源不断的推动力,体现为实现追求的目标而发出的一种精神动力。持之以恒才会有更大的收获。

三是学习知识和实践过程中培养起来的能力。简单来说,只有摆正了学习态度,只有从内心真正认识到了学习的重要性,坚持不懈地去努力,才可能获得成功。

 知识拓展

自我学习能力的培养

1. 要大力提升自主学习意识,激发学习动力

要提升学习意识,首先要树立正确的人生观和世界观。这是人生命活动最基本的动力,是做每一件事、每一项活动的精神基础。正确的人生观和世界观,给人以明确的奋斗目标,激励人们奋发进取,产生坚忍不拔的毅力,树立克服困难的信心和勇气,这样才能激发学习兴趣,引发出学习能力。很难想象,一个没有人生目标,对生活失去勇气和信心的人,还能对学习感兴趣。其次是培养浓厚的学习兴趣。兴趣的高低决定着学习效果的好坏,有了浓厚的学习兴趣,就能引发持之以恒的韧劲和锲而不舍的精神,培养良好的学习习惯。

2. 要有自我学习的顽强意志和毅力

学习到任何时候,都是一件艰苦的事,而对于某些专业知识和技能学习,其难度更大,没有顽强的意志和毅力,遇到困难就会退缩,自主学习就不能持久,所以顽强的意志和毅力是坚持自我学习的关键。自我学习贵在坚持,有顽强的学习意志和毅力,才能保持强烈的学习欲望。

3. 自我学习范围要广泛

学习内容涵盖了自然科学和社会科学的内容,对于我们来说不仅要学习法律知识、岗位业务技能知识,还要学习其他知识,如健康卫生、医学营养、政治时事、伦理道德、人际交往、文明礼仪等。学习无处不在,生活本身就是学习。

4. 学习方法要科学

自我学习效果的好坏,与学习方法有十分密切的关系,好的学习方法可以取得事半功倍的效果。所谓的好的学习方法是适合自身情况的学习法,所以问题的关键是要根据自己的实际情况来安排学习。要善于总结和发现适合自己情况的学习方法,并把它应用于学习中去。

5. 要重点提高运用学到的知识去解决实际问题的能力

唯物辩证法认为,实践是最好的学习方法之一。实践能力是最主要的学习力。应当把学到的知识应用于实践,并指导实践,进而有所发展,并有所创造,从而提高学习力。

(资料来源:李天长.自我学习力的培养.企业培训者同盟.http://tianchang-lee.blog.sohu.com/117396085.html)

4. 学习力与竞争力

学习力的本质是竞争力。评价一个企业在本质上是否有竞争力,不是看这个企业取得了多少成果,而是要看这个企业有多强的学习力。在1999年世界管理大会上有人提出了树根理论,该理论认为:如果将一个企业比作一棵大树,学习力就是大树的根,也就是企业的生命之根。其核心主张是"深度决定高度",一棵树只有根扎得深才能长得高。

总结国内外优秀企业的成功特质,学习力是关键。它们的特点有:一是能以最快速度,最短时间学到新知识,获得新信息;二是组织的员工尤其是领导层不断提高学习能力;三是加强"组织学习",形成具有特色的组织文化,集思广益,获得最大成效;四是以最快速度、最短时间把学习到的新知识、新信息用于企业变革与创新,最大限度地适应市场和客户的需要。

培养一个团队的学习力,团队目标是关键,同时需要通过团队畅通的信息渠道进行及时有效地沟通,并形成良好的激励机制,让团队成员能进行知识共享,互动学习。

对于个人来讲，人才竞争也是一种学习力的竞争。美国学者托布斯说：未来的文盲不是不识字的人，而是不会学习的人。人才是有时间性的，你只能保证自己今天是人才，却无法保证明天的你依然是一个人才。复旦大学原校长杨福家教授提出，今天的大学生从大学毕业刚走出校门的那一天起，他四年来所学的知识已经有 50% 老化掉了。所以，为了使你在明天依然是一个货真价实的人才，一定要有学习力作为你的后盾。

二、"赢在中国"与创业

"赢在中国"是中国中央电视台于 2006 年开创的大型励志创业电视活动，是全国性商战真人秀节目，活动坚守"励志照亮人生，创业改变命运"的理念。通过寻找创业英雄，寻找创业项目，让优秀创业人才脱颖而出。活动让人人机会均等，不分年龄、学历、性别、籍贯，都可报名参加。活动通过竞争，最后寻找 5 名最具创业潜质的创业英雄，获奖者将获得由 IDG、软银赛富、今日资本这三家国际著名投资机构提供的创业资金。冠军将获得一家注册资本不低于人民币1000万元的新设企业经营权；亚军将获得一家注册资本不低于人民币700 万元的新设企业经营权；第3、第4、第5 名将各获得一家注册资本不低于人民币 500 万元的新设企业经营权。对各家公司获奖者本人将拥有该企业 20% 的股份，出任该企业的CEO。

"赢在中国"到目前为止，一共举办了三季，在全国引起了极大的反响。2006 年第一季活动，海内外报名者达 12 万，有 108 人进入初赛，2006 年 6 月决出 36 强，进而产生 12 强。2006 年 9 月 7 日，12 强经过 7 场跨行业的商业实战，最终决出了"赢在中国"的 5 强选手。同年 12 月 5 日，5 强面对由风险投资和著名企业家组成的评委团进行决赛，最终排名尘埃落定，宋文明赢得了创业的千万资本。

"赢在中国"是中国创业者们的一次集体跋涉，集中展现了中国创业者们的光荣与梦想、成功与挫折、坚守与退让、思考与质疑……它为中国创业者群体提供了一个交流的机会，一个展现的平台，是一次励志的洗礼。有人评价"这是一次经历，是一场相逢，是一种历练，是一番面对，是一个连通资本与人才的创业舞台"。"赢在中国"节目的亮点主要有以下两项。

一是创业者的聚会。2006 年，"创业"、"创新"的词汇对于大众已经不再陌生，创业者、企业家从幕后走到大众视线里来。我们在使用产品的时候，也看到了制造这个产品的人和精神。企业家为企业积累财富、为国家贡献税收、为社会创造就业，成为这个时代被推崇的英雄。在"赢在中国"中，我们看到了中国的大批有志创业者，他们中不乏跃跃欲试的创业者，更不缺中小企业的经营管理者和普通社会大众。

二是"赢在中国"真实地再现了我国企业特别是中小型企业的生存现状，反映了企业对管理者越来越高的要求。在节目中，我们看到了企业在融资、项目管理、人力资源调配、团队建设、社会关系协调等方方面面所遇到的焦点与难点。评委的经典点评，主持人严谨的主持风格，让我们看到了全中国商业思想的深度。所以，"赢在中国"选手过五关斩六将，在展现他们的智商，以及极强的动手能力和人际关系协调能力的同时，也是全国观众学习的活教材。

三、创业与创新

创业是现代中国最热门的词汇之一,无论到哪儿都会读到或听到创业的故事,随手拿起一份报纸或一本新闻杂志,打开收音机或电视机的新闻频道,或者进入一个新闻网站,都可以发现创业相关的信息。那么,什么是创业? 创业需要哪些条件呢?

1. 什么是创业

"创业"最早出现在《孟子·梁惠王下》:"君子创业可垂,为可继也。"这里的创业指的是创建功业,传给子孙。实际上,这与现代对创业的理解已经大相径庭,但这个起源包含了一个很重要的信息,就是创业的可继承性。所以,只有具有一定存续时间的创业才能成为真正的创业。现在我们所理解的"创业"实际上是指创业者通过发现和识别商业机会,组织各种资源,提供产品和服务,以创造价值的过程。

2. 创业的过程

创业包括创业者、机会、资源、沟通、创新等要素,在创业过程之中,一般包括以下几个步骤。

(1) 识别和评价创业机会。创业是一个发现和捕获机会并由此创造出新颖的产品、服务或实现其潜在价值的过程。对于创业者而言,迅速发现机会,评估创业机会的商业潜力是至关重要的。所以,识别创业机会,寻找市场空隙,然后强占先机是创业的起点。创业者要养成收集信息的习惯,要有市场敏感,要有专业的评估机会的能力。

首先,创业的愿望是机会识别的前提。创业愿望是创业的原动力,它推动创业者去发现和识别市场机会。没有创业意愿,再好的创业机会也会被视而不见,或失之交臂。其次,创业能力是机会识别的基础。与创业机会识别相关的能力主要有:远见与洞察能力、信息获取能力、技术发展趋势预测能力、模仿与创新能力、建立各种关系的能力等。最后,创业环境的支持是机会识别的关键。创业环境是创业过程中多种因素的组合,包括政府政策、社会经济条件、创业和管理技能、创业资金和非资金支持等方面。

(2) 拟订创业计划。一项创业计划须经多方面的调查研究和慎重考虑后订出。在拟订计划之前,创业者必须做以下工作:收集相关的数据,分析这个行业到底有多大的发展空间? 到底有多少的利润空间? 应该投入多少资金? 考虑是否需要找一个或者更多的合作伙伴? 你身边的亲人、朋友、爱人是否支持你? 公司需要配备多少人员? 需要配备什么办公用品? 办公地点应该选在哪里? 营业执照是否好办? 财务如何管理?

概括地讲,创业计划书应该包括创业的种类、资金规划及基金来源、资金总额的分配比例、阶段目标、财务预估、行销策略、可能风险评估、创业的动机、股东名册、预定员工人数等。一份优秀的创业计划书往往会使创业者达到事半功倍的效果。

(3) 确定和获取创业资源。创业是一种劳动方式,需要经验、资金、人脉、技术、项目等各种资源。创业资源的获取和整合伴随整个创业过程。如果只是单枪匹马,不具备一些创业资源,创业梦想是很难实现的。但是,有时候别人把成功的经验全教给了你,或者别人已为你准备了足够丰厚的资金,创业也不一定会成功。所以关键的地方,就是良好的资源,还要看如何才能有效运用资源。创业资源是一个艰苦而漫长的积累过程,需要有一定的经历或经验。所以,要珍惜每一个工作机会,把它看做是积累的过程。

创业者需要有效识别各种创业资源,并且积极借助企业内外部的力量对创业资源进行组织和整合,实现企业的核心竞争力,促进创业的进展。

(4) 管理成长之中的企业。首先,创业者应该将企业的目标清晰化和明确化,有了目标,才有方向,才有一个共同的远景,这种共识能够大大减少管理和运作上的摩擦。其次,强调在公司内部形成一个管理团队,定期交换意见。再次,制定并尽量遵守既定的管理制度,必须强调人都必须遵守,不能有特权,也不能朝令夕改。最后,要注意财务监控,要避免社会关系对工作关系的干扰。

(5) 收获创业价值。创业价值不仅包括财富、利益,而且可以是经验和知识。很多创业者愿意与自己的团队一起分享创业成果。阿里巴巴的创始人马云,他本人在阿里巴巴上市公司里的股份只有 10% 的股份,他的 18 个创业伙伴同样分得了股份,马云没有控股;史玉柱,虽然没有给团队核心更多的股份,但他是通过给现金的方式进行变相分享,与马云相比,史玉柱既跟团队分享了财富,同时也掌握了公司的控制权;牛根生,打小时就经常把家里的东西分享给自己的小伙伴,而做蒙牛时,他拿工资时,将工资分享出去,他做企业时,将股份分享出去,这是一种很务实的心态,也是一种很有效的团队管理手段。不愿分享的老板,永远只可能是一个小老板,而愿意分享的老板,其获得的东西要比他分享出去的东西要多得多。

3. 创业者与创业团队

创业者就是创业的个体或团体,是创业的主体。创业是一个艰辛而又扑朔迷离的过程,创业者必须具备良好的心理素质、身体素质、知识素质、能力素质等。所以,不是所有的人都要创业,创业与不创业都是好选择。《管理学家》杂志执行主编慕云五说:"创业者需要具备创新意识和创业技能,尤其是企业管理技能,一般 10 个创业学生中,最多只有两三个成功的。创业是机会所驱动的,因此不能盲目创业,要努力学习相关知识和借鉴经验。"同时,不要把创业想得太简单。一旦决定创业,就要从实考虑问题。比如资金和人脉,是每个创业者都会遇到的问题。

"全球风险投资之父"的多里特曾说过一句话,"我更喜欢拥有二流创意的一流创业者和团队,而不是拥有一流创意的二流创业团队。"这句话指出了创业团队的重要性。优秀的创业团队必须具有为共同目标而奋斗的信念,具有良好的能力知识互补结构,具有强烈的责任感,具有有效沟通的管理控制系统等。就像唐三藏,历尽艰险,最终带领自己的团队修成正果。这个团队中的成员可以形象地转换为现代职位,如唐僧是项目经理、孙悟空是技术核心、猪八戒和沙和尚是普通团员,这个团队的高层领导是观音。唐僧作为项目经理,有很坚韧的品性和极高的原则性,不达目的不罢休,又很得上司的支持和赏识。沙和尚言语不多,任劳任怨,他能够胜任这份工作并且持之以恒,而且能够在压力下保持冷静。猪八戒看起来好吃懒做,贪财好色,但是他性格开朗,能够接受任何批语而毫无负担压力,并帮助每一位同事,使工作变得有趣,在项目组中承担了润滑油的作用。最关键的还是孙悟空,他是取经团队里的核心,干劲十足,崇尚行动,解决问题不过夜,注重工作的结果,能够迅速理解和完成当前团队的任务,是团队的业务骨干。这个团队中他们性格各异、能力互补、责任明晰,组成了一个完美的团队。

创业是自主地开拓和创造业绩与成就的过程,是具有企业家精神的个体与有价值的商业机会的结合。创业需要一种敢立敢破的精神,创业就是一个创新的过程。美国著名管理学家彼得·F.德鲁克认为:"创业就是要标新立异,打破已有的秩序,按照新的要求重新组织。"在实际的创业过程当中,要重视商业模式创新的技术创新等。

 知识拓展

优秀人士的十大心理品质

(1)满怀信心地思考和行动,努力争取你想要的东西。

自问一下,"我够好吗? 我这个要求正当吗? 我准备好了吗?"测试一下你的愿望。如果答案是"是",那么你就找准愿望,并不断实现它们。但是,如果在实现它们的过程中,你受到了其他人或者其他环境方面的消极因素的阻碍,你根本控制不了,最好立刻看清形势,积极通过其他的方式来达成愿望。

(2)积极地接受任务,并且以首创的精神主动承担责任,做出决定并将之付诸行动的能力。

你越积极,承担的责任就越大,就能更好地主动承担更大的职责。你越消极,就越容易举棋不定,等着积极的人来做决定。

(3)按需工作的能力。

如果有必要,真正积极的人会去完成那些即使很枯燥的工作,而且不会感到气馁和没有成就感。不过,在做这些必要的但不会给人以灵感的工作时,他会制订方案,酝酿希望,尽可能避免把这些工作变成日常生活中单调乏味之举。

(4)坦然面对失败的能力。

如果你是一个成熟和积极的人,你就会经得起生活中困难的考验,你会借助自己内在的力量抵制和反抗强加于你的不合理的东西、愚蠢的领导和生活中的打击,避免成为一个心理上压抑和自我挫败的人。

(5)无私地对他人表现出欣赏、热情和爱,投身于有益的事业的能力。

仅仅用心欣赏和爱是不够的,一定要发自内心,并通过积极的言行去实践它。消极抑制他们不会产生任何效果,正是积极的言行所展现的无私才使我们得到了真爱。

(6)摆脱孤独,结交朋友,维持友谊的能力。

任何社会中,都是那些追求友谊的人更受欢迎。他们做出许多不显眼的热情善良的小事。他们给朋友打电话。他们总是微笑着,仿佛很关注对方。他人取得成绩时,他们会表示祝贺。他们对他人和他人所做的事情都表示感兴趣。他们记得他人的生日和其他纪念日活动和事件,并且会有所表示。

(7)具备超越如嫉妒、悔恨、自我怜悯、忧虑和玩世不恭等情感的能力。

这些都是破坏自信和鼓舞自卑的消极因素。有这种性格的人和与他们接触的人生活得很沉重。

(8)热情合作,甚至在最困难的情况下也能分担责任的能力。

他重视自己并且充分承担自己的责任,从不逃避和抱怨。他在自己的领域里做值得做的工作,但并不一定是了不起的工作。值得完成的工作一定会得到好的结果。

(9) 不过分地理想化和自我欺骗,现实地面对生活并能解决日常问题的能力。

发展这种能力是通过采取积极的心态,拒绝消极的期望来实现的。消极的期待,如失败、不满、排斥、麻烦等,往往是由于你的过分期待造成的,二者就像磁石一样彼此牢牢相吸。

(10) 可以在无足轻重的事上让步,但是在维护尊严和正直的品格方面要有誓死决战的精神。

真正积极的人完全有能力超越小事的争吵。通常,轻微的妥协无关紧要,但是涉及尊严等重要问题,你就要坚持到底。

(资料来源:(美)道格拉斯·勒尔顿. 积极生活的力量. 韩晓秋译. 北京:新世界出版社,2008)

案例链接

案例一 香子兰冰激凌

通用汽车公司黑海汽车制造厂总裁收到一封关于汽车的抱怨信:

"这是第二次给你写信,我不怪你没有答复我的问题,因为这个问题实在太荒谬,但它的确是事实。最近我买了一辆新的黑海牌车,从此以后去商店就出现了一个问题。你知道,每次我从商店买完香子兰冰激凌回家,汽车就启动不了,而买其他种类的冰激凌,车子就启动得很好。无论这个问题有多么愚蠢,但我还是想让你知道我对这个问题非常关注,究竟是怎么回事?"

黑海厂总裁对这封信感到迷惑不解,但还是派了一个工程师去查看。当晚,工程师随这个车主去买香子兰冰激凌,返回时,汽车启动不了。工程师又连续去了两个晚上。第二个晚上,车主买了巧克力冰激凌和草莓冰激凌,汽车能启动。第三个晚上,买了香子兰冰激凌,车又启动不了了。

工程师绝不相信这部车对香子兰冰激凌过敏。于是他加倍工作以求解决问题。每次他都做记录,像日期、汽车往返的时间、汽油类型等。最后他发现了线索:车主买香子兰冰激凌比买其他冰激凌所花的时间要短。因为香子兰冰激凌很受欢迎,故分箱摆在货架前面,很易取到。因而问题就变成了:为什么车停很短时间就启动不了。工程师进一步找到了问题的答案,即是因为蒸气锁使汽车启动不了。买其他冰激凌所花的时间多,可以使汽车充分冷却以便启动。而买完香子兰冰激凌时,汽车引擎还很热,所产生的蒸气耗散不掉,因而汽车启动不了。

问题的症结点在一个小小的"蒸气锁"上,这是一个很小的细节,但这个细节还是被细心的工程师发现了。

案例点评：

这位工程师打破砂锅问到底，终于找到了问题所在。一是因为他具有专业知识；二是细心观察；三是坚持不懈。这就是良好学习力的体现。当我们碰到问题时，不要浅尝辄止、简单地得出"可能或不可能"的结论，而是要投入真诚的努力，追根究底，不放过任何细节，冷静地思考问题的症结所在，积极地寻求解决问题的方法。

案例二　为　什　么

美国首都华盛顿广场的杰斐逊纪念馆大厦经年未修，建筑物表面斑驳陆离，后来竟然出现裂痕。虽然政府采取了很多措施，但仍无法遏制。政府非常担忧，于是派专家调查原因。最初以为是酸雨对建筑物的腐蚀。后来研究表明，冲洗墙壁所含的洗洁剂对建筑物有酸蚀作用，该大厦每日被冲洗的次数大大多于其他建筑，受酸蚀损害严重。

可为什么要每天冲洗呢？因为大厦每天被大量鸟粪弄脏，那是燕子。

为什么会有这么多燕子聚在这里？因为建筑物上有燕子最喜欢吃的蜘蛛。

为什么蜘蛛多？因为墙上有蜘蛛最喜欢吃的飞虫。

为什么飞虫多？因为飞虫在这里繁殖得特别快。

为什么这里的尘埃适宜繁殖？原来尘埃并不特别，只是配合了从窗子照射进来的充足阳光，正好形成了特别刺激飞虫繁殖兴奋的温床，大量飞虫聚集在此，迅速繁殖，于是给蜘蛛提供了大量的美食，又吸引了许多燕子，燕子吃饱了，就在大厦上留下了大量粪便。

解决问题的办法就是把窗帘拉上，挡住外面过分充足的阳光。

案例点评：

也许有点让人不敢相信，貌似非常复杂的一个问题，最后就被"拉上窗帘"这么一个小小的举动给解决了。其实，解决问题关键在于多问几个"为什么"，对已有线索不放弃，追根究底，找到问题的症结所在。有时，造成大问题、大失误的，不过是不起眼的小东西，而我们的目光又常常不去注意它。所以，要提高自己的学习力，把学习变成一种自觉的行为，顺藤摸瓜、融会贯通，直到问题得到解答。

案例三　刘邦用人

汉高祖刘邦是大汉王朝的开国君主。在洛阳南宫举行宴会，君臣共饮。此时，刘邦问诸位大臣："你们都说实话，我为什么能够夺天下？项羽为什么会失去天下？"

这时，名叫高起和王陵的两位大臣出列说了实话："我们认为陛下为人很傲慢，不会尊重人，项羽这个人仁而爱人，很仁厚也很体贴人。但是为什么像陛下这样又傲慢、又不懂得尊重人的人得了天下，那个富有仁爱之心的项羽却失了天下呢？我们认为原因是陛下您每打下一个地方，就会把这个地方分给那些功臣，所以我们都乐意拥护您，这就是您得天下的原因。"

刘邦说道："你们看到一个方面却没有看到另外一个方面。运筹于帷幄之中，决胜于千里之外，我不如子房（张良）；镇国家、抚百姓、供军需、给粮饷，我不如萧何；指挥大军，战必胜、攻必克，我不如韩信。这三个人都是人中豪杰，我能用他们，所以能得天下。项羽那边只有一个范增出类拔萃,他还不能充分任用,因此,最后败在了我的手中。"

案例点评:

在刘邦看来,用人是最重要的成功之道。学会尊重你的下属、分享你的成就、学会授权等。但是刘邦的成功之道就是他的领导艺术,其核心就是敞开胸怀、博采众长、集思广益。对于今天的创业团队来说,好领导要让下属觉得他也很重要,要推动你的远见、目标,关键在于领导方法的创新和实效。

案例四　演员与公关职员

米歇尔是美国一位年轻演员,而且刚刚在演艺圈崭露头角。他英俊潇洒,很有天赋,演技也很好,最初只能演一些小角色,现在已经成为重要角色。从职业上看,他需要有人为他包装和宣传以扩大名声。因此,他需要一个公共关系公司为他在各种报刊上刊登他的照片和有关他的文章,提高他的知名度。不过,要建立这样的公司,并拿出许多钱来聘用高级雇员,米歇尔还不具备这一实力。

一次偶然的机会,米歇尔遇到了丽莎,丽莎在纽约一家公关公司工作,但那些比较出名的演员、歌手、夜总会的表演者从来都不愿意与她合作,她经营一家零售商店。当这两人相遇后,便一拍即合,联手干了起来。米歇尔成为她的代理人,而她则为他提供出头露面所需要的经费。他们的合作达到了最佳境界,米歇尔是一名相貌英俊的演员,并正在时下的电视剧中出现,丽莎便让一些较有影响力的报纸和杂志把眼睛盯在他身上。这样一来,丽莎也提高了她自己的知名度,并且很快为一些有名望的人提供社交娱乐服务,他们付给她很高的报酬。而米歇尔,不仅不必为提高自己的知名度花大笔的钱,而且随着影响的不断扩大,也使自己在业务活动中处于优势。

案例点评:

两人通过合作,互相满足了对方的需要。米歇尔获得了自己做宣传的费用,丽莎为了在她的业务中吸引名人,需要米歇尔作为自己的代理人。所以,双方都得到了满足。创业不是引"无源之水",栽"无本之木",每一个人创业都必须拥有足够的资源,其中拥有人脉资源,获得人际网络或社会网络,是一笔重要的财富。

案例五　买一赠一

美国宣传奇才哈利十五六岁时,在一家马戏团做童工,负责在马戏场内叫卖小食品。但每次看的人不多,买东西吃的人更少,尤其是饮料,很少有人问津。

有一天,哈利的脑瓜里诞生了一个想法:向每一个买票的人赠送一包花生,借以吸引观众。但老板不同意这个"荒唐的想法"。哈利用自己微薄的工资做担保,恳求老板让他试一试,并承诺说,如果赔钱就从工资里扣,如果赢利自己只拿一半。于是,以后的马戏团演出场地外就多了一个义务宣传员的声音:"来看马戏,买一张票送一包好吃的花生!"在哈利不停地叫喊声中,观众比往常多了几倍。

观众们进场后,小哈利就开始叫卖起柠檬冰等饮料。而绝大多数观众在吃完花生后觉得口干时都会买上一杯,一场马戏下来,营业额比以往增加了十几倍。

案例点评：

也许我们会感叹这个小男孩挺聪明，其实，它反映出来的是一种创新精神，是一种对工作积极思考的结果。我们可以肯定，这个小男孩不仅仅机械地在卖饮料，他认真工作、细心观察、勤于思考，然后才想出这个带来利益的好办法。

案例六　犹太富商的思路

一位犹太富豪走进一家银行，来到贷款部前，大模大样地坐了下来。

"请问先生，你有什么事情需要我们效劳吗？"贷款部经理一边小心地询问，一边打量着来人的穿着：名贵的西服、高档的手表，还有镶着宝石的领带夹子。

"我想借点钱。"

"完全可以，你想借多少？"

"1美元。"

"只借1美元？"贷款部经理惊愕得张大了嘴巴。

"我只需要1美元。可以吗？"

贷款部经理的脑子立刻高速运转起来：这个人穿戴如此豪阔，为什么只借1美元呢？显然，他是一种试探，试探我们的工作质量和服务效率，于是便装出高兴的样子说："当然，只要有担保，无论借多少，我们都可以照办。"

"好吧。"犹太人从豪华的皮包里取出一大堆股票、国债、债券等放在经理的办公桌上，"这些做担保可以吗？"

经理清点了一下，"先生，总共50万美元，做担保足够了，不过先生，您真的只借1美元吗？"

"是的我只需要1美元。"犹太人面无表情地说。

"好吧，到那边办手续吧，年息为6%，只要您付出6%的利息，一年后归还，我们就把这些股票和作保的证券还给你。"

"谢谢。"犹太富豪办理完手续，便准备离去了。

一直在一边冷眼相看的银行行长也弄不明白。他从后面追了上去，有些窘迫地说："对不起，先生，我可以问你一个问题吗？"

"你想问什么？"

"我是这家银行的行长，我实在弄不懂，你拥有50万美元的家当，为什么只借1美元？"

"好吧，既然你如此热情，我不妨把实情告诉你。我到这儿来，是想办一件事情，可是随身携带的这些票券很碍事，我问过几家金库，要租它们的保险箱，租金都很昂贵，我知道贵银行的保安很好，所以嘛，就将这些东西以担保的形式寄存在贵行了。由你替我保管，我还有什么不放心呢！何况利息很便宜，存一年才不过6美分。"

案例点评：

听到这样的一个原由，我们可以想象当时银行行长的表情了。但是，我们却不得不佩服犹太人的精明，其实这种精明就是创新的表现。犹太人在市场调查基础上，进行业务的专业对比，然后找到了这个机会，靠的就是他的创新性思维。所以，有时绕过惯性思维，从事物的另一面着手，可能会发现与众不同的市场机会。

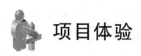 项目体验

体验一　学习，让你成为优秀的人

经常做一件事就会形成习惯，良好的习惯来源于学习。哈佛大学管理博士后、美国富顿集团中国总经理余世维先生曾这样说：成功与不成功的人最大的差别是成功的人很早就养成了成功的习惯，人与人之间的差别是思想上面的差别，是习惯上面的差别。如果一个人很小就养成了一种成功的习惯，这个人注定是要成功的，一个人一辈子没有养成任何一种成功的习惯，你就是再读什么伟人传记，也不会成为伟人。这段话巧妙而精辟地道出了习惯与成功的因果关系。检查一下自己养成了哪些习惯。当然，从现在开始也不迟，立即行动吧！

（1）守时。

（2）微笑。

（3）节俭。

（4）随时记录，用笔写下来。

（5）开会坐在前排。

（6）每天自我反省一次。

（7）每天坚持一次运动。

（8）恪守诚信，说到做到。

（9）用心倾听，不打断对方说话。

（10）不用训斥、指责的口吻跟别人说话。

（11）凡事预先做计划，尽量将目标视觉化。

（12）找方法，而不是找借口。

（13）每天提前 15 分钟上班，推迟 30 分钟下班。

体验二　为什么学习

第一步　请选择你为什么学习

A. 证明自己的学习力　　　　　　　B. 知识本身的吸引力

C. 取得学习另一课程的资格　　　　D. 得到学位证书

E. 有一份好工作　　　　　　　　　F. 父母或老板要求我学习

G. 其他原因

你的选择是：_____。

第二步　阅读以下文字

一位爷爷和他的孙子生活在一个山区的庄园里。每天清晨，爷爷都坐在桌子边阅读书籍。孙子受爷爷的影响，也尽自己最大的能力阅读那些书籍。

孙子问："爷爷，我一直试图像您一样阅读这些好书，但我不能真正理解它。花费这么多时间读这些书，有什么用呢？"爷爷平静地拿出了一个用竹子编成的放煤的竹篮，对孙子说："拿着这个竹篮，取一篮子水来。"孙子提着篮子走了。等他回到家中，竹篮里的水一滴不剩。爷爷笑着对孙子说："下次打水的时候，你必须跑得更快点。"孙子再次来打水，这次

他跑得比上次快了许多。但是,结果依然不变。孙子告诉爷爷:"用竹篮打水是不可能完成的任务。"说着,孙子换了一个水桶过来。爷爷说:"我不需要一桶水,我要一篮子水。你能够做到,只是你尝试得还不够充分。"爷爷走出来,亲眼看孙子去打水。

孙子清楚地知道,竹篮子打水是根本不可能的,但他希望给爷爷演示一遍,让爷爷知道,即使他尽自己最大的努力,篮子里的水也会漏光。

孙子盛满一篮水,飞快地向爷爷跑来,篮子中空空如也。孙子气喘吁吁地对爷爷说:"爷爷,您看,根本没有一点儿用。"

"你真的认为这样做没有一点用处吗?"爷爷说,"好好看看这个篮子。"

孙子仔细地打量了一下竹篮,竹篮确实和以前不同了,那个脏兮兮、黑糊糊的篮子不见了,取而代之的是一个洁净如新的竹篮。

"孩子,你看到发生的事情了吧,阅读好书也是如此。你可能无法完全理解它,也记不住多少内容,但只要你用心阅读它,它就会在不知不觉间净化了你的心灵。"

(资料来源:尹玉升.竹篮打水.青年文摘,2007(2))

请你再一次选择:

A. 我希望享受学习的乐趣

B. 我希望通晓我所做的工作

C. 我希望通过……的考试

D. 我希望我的学习与我的工作更紧密地联系起来

E. 我希望得到更好的工作以使生活更好一些

你的选择是:_____。

你对爷爷的话是怎样理解的?

_____

_____

_____

第三步 请帮助老师颁发奖励

一位老师带学生到河边春游,将学生分成四组,比赛"竹篮打水"。要求每组同学采取接力的方法,用竹篮从河里打水倒入岸上 10 米外的桶里。

许多学生习惯了"竹篮打水一场空"的阐释,认定了此举的徒劳,不知老师用意何在。但哨声响起时,大家还是忙碌起来。

10 分钟后,比赛结束,老师做出了结论:

第一组的同学舀水很用力,所以篮子洗得格外干净——获净化奖。正如看书,尽管初时有许多不解之处,看似白看,但看得多了,就会产生潜移默化的效果。

第二组的同学跑得特别快,并且每次都很细心地把篮子上滴答落下的水尽量地抖入桶中,水竟然积了 3 厘米高——获勤奋奖。正如奋斗。尽管有时看似无望。但只要努力了,总会有所收获。

第三组的同学用竹篮打水时捞上了一个饮料瓶和一些漂浮的垃圾——获环保奖。正如奉献,尽管自己一无所获,但对别人也许是莫大的帮助。

第四组的同学居然捞到了小鱼小虾——获意外奖。正如人生,尽管难免失败,但只要坚持不懈,也许会有意料之外的收获。

你还能想象出更多的小组收获,给他们颁发独特的奖励吗?

_____

_____

_____

体验三　自由地学习

如果你去求职,你会喜欢进入哪家公司?

公司 A:8 点钟上班,实行打卡制,迟到或早退一分钟扣 50 元;统一着装,必须佩戴胸卡;每年有组织地搞一次旅游、两次聚会、3 次联欢、4 次体育比赛,每个员工每年要提 4 项合理化建议。

公司 B:9 点钟上班,但不考勤;每个人有一个办公室,每个办公室可以根据自己的喜好进行布置;走廊的白墙上,信手涂鸦不会有人制止;饮料和水果免费敞开供应;上班时间可以去理发、游泳。

公司 C:想什么时候来就什么时候来;没有专门的制服,爱穿什么就穿什么;把自家的狗和孩子带到办公室也可以;上班时间去度假也不扣工资。

你的选择:_____

你的理由:_____

_____

_____

其实,这三家公司的工作氛围跟公司的性质很有关系,大家可能很羡慕公司 B 和公司 C,因为有一种十分自由的环境。但是,要想在这种环境下工作,首先要学会在自由环境下自由学习的能力、不依赖于别人的独立学习能力。自由学习不是要反对权威,不是要追求无权威、无压力的学习,而是如何增加自己的能力而获得更大自由,如何在自由的条件下,进行自主探究性学习。所以,可以根据自己的兴趣来选择,充分利用好奇心和求知欲来进行自主探索,培养学习的自觉性。

讨论:请和同学们相互交流自己的想法,如何在大学自由的学习环境下自主地学习?

体验四　你具备企业家所需的东西了吗

请回答下列问题,看你是否能战胜对手来经营自己的事业。

(1) 你能够在看到一个很明显地表示一艘船的墨迹时,同时看到一匹马或一个街灯柱吗?(　　)

　　A. 能　　　　　　　　　　　　B. 不能

罗夏测验(Rorschach test)可能是识别出企业家最好的办法。管理专家把对模糊的容忍看做是经营一家公司所必需的关键性智力资产之一。

（2）你正坐在喜剧俱乐部的第一排，演员示意你到舞台来一起参与表演，你会怎么做？（　　）

      A. 推托有咽喉炎　　　　　　　　B. 走到麦克风前

能够自主思考是企业主所必须做的事情（而且拥有一种幽默感也无妨）。企业家必须经常推销自己，推销公司——向员工、客户、投资者、媒体以及公众。

（3）你正在考虑进行一次自行车旅行，你会选择哪一种？（　　）

      A. 在不平坦的山路上骑车　　　　B. 在平坦的路上缓缓前进

当你拥有一个企业时，不会有像轻松漫游这样的事情。通往成功的路布满了大量的坑洼坎坷、山丘、危险以及拼命蹬车的竞争对手。

（4）你会把"否"认为是答案吗？（　　）

      A. 会　　　　　　　　　　　　　B. 不会

如果你会，就把它忘掉。风险资本家在你得到期望的东西之前，会拒绝你的建议达25次。怀疑不应该给你一种否定的感觉——它应该激励你从经验中学习，改变你的现状，并重新尝试。

（5）你正准备购买一栋新房，你会怎样做？（　　）

      A. 寻找一栋自己喜欢的现房

      B. 寻找一处空地，并指导修建自己梦想中的房子

从根本上说，企业家是建设者。实际上，白手起家创建一家企业跟修建一座房子很相像。你需要画出图纸，策划一种能经得住风雨的结构，并且雇用专业人员来做工，所有的这一切都要在你的预算之内。

（6）你邻居家的女儿戴着女童子军的徽章来到你的门前，向你推销饼干。你已经有了满满一柜子的薄荷点心。你能拒绝吗？（　　）

      A. 能　　　　　　　　　　　　　B. 不能

如果你能够拒绝，那将是一种巨大的有利之处。经营一家公司意味着，说"不"的时候和说"是"的时候一样多——对朋友、邻居，甚至对讨钱的小孩。

（7）你能够同时观看（并且吸收）晚间新闻，修改一份报告，以及主持一个与你的兄弟姐妹进行的三方电话会议吗？（　　）

      A. 能　　　　　　　　　　　　　B. 不能

创建时期的公司对于执行工作的划分不是很明显。这一分钟你是首席财务官，下一分钟你可能在处理市场问题，然后你可能又在处理人员问题。并且，更为经常的是，你要同时处理所有这些事情。

（8）好几个月之前，你就计划外出度过一次周末。就在你出发的前一天晚上，你家里的水管子爆裂了。现在你必须要待在家里，向外抽取地下室的积水。你会怎么办？（　　）

      A. 惊恐万分　　　　　　　　　　B. 卷起袖子，从容地处理它

如果不是其他的，那么企业家必须是灵活的。当你是老板、所有者，以及主要投资者时，没有一个问题是太小的以至于不足以让你关注。"如果你对自己想要做的事情过于僵化，那将会不起作用的，"Ernst & Young 创业型服务集团的合伙人，拉尔夫·萨宾托（Ralph Subbiondo）说，"那并不意味着你对自己的创意和目标不能严格要求，而是对于日

常事务你必须灵活处理。"

<h3 style="text-align:center">体验五 潜在的创业者</h3>

如果有创业意识,这是件好事,你可以采取以下方法。但创业过程是艰苦的,需要长时间的积累,要全面提高个人的创业知识、技能和素质。可以从以下几个方面努力。

(1)与企业人士交谈,向成功的企业人士学习,做一个成功企业人士的助手或学徒。

(2)参加一个培训班或学习班,接受培训。

(3)阅读一些可以帮助你提高经营技巧的书籍。

(4)制订未来企业计划,增强你的创业动机。

(5)提高思考问题、评价问题以及应对风险的能力。

(6)学习并思考如何更好地处理危机局面。

(7)对别人的观点和新的想法要多多接受。

(8)遇到问题时,要分析问题的前因后果,并提高自己从错误中吸取教训的能力。

心灵小语

● 未来属于那些热爱生活、乐于创造和通过向他人学习来增强自己聪明才智的人。

● 宽阔的河平静,博学的人谦虚。

实训日志

项目5 实训日志如表5-2所示。

表5-2 实训日志

日期		天气	

主要实训内容:

体会与感想:

努力方向:

职业心理素质训练

项目6 有效表达与接纳训练

——团队分享

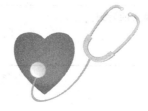

实训目标

◇ 通过对实训过程的经历和感受进行分享,提高学生的表达能力,增强学生的自信心。
◇ 培养学生树立同理心,培养接纳他人、接纳自我的心态。
◇ 增进学生之间的共同理解,进一步加强团队凝聚力。
◇ 促进相互学习。

项目描述

以团队生活和学习为主要内容,以体会和感悟为重点,敞开心扉,面对共同关心你的全体同学说出你的感受,让你来帮助与你有同样问题的同学,同时也让你获得更多帮助。

实施步骤

步骤一 准 备

(1) 同学们需对分享内容进行整理和准备,切忌长篇大论。提纲可提供思考的方向(如表 6-1 所示)。
(2) 选择一个宽敞干净的场所,如大教室、会议室、实训室等。
(3) 准备音响,播放轻柔舒缓的音乐,音量不要太大,作为背景音乐存在。
(4) 同学准时到达指定地点,切忌迟到,以免打搅或中断分享过程。
(5) 老师说明分享的目的、重要性和注意点。
(6) 分享时间每人控制在 3 分钟内。

表 6-1 分享准备表格

你最感动的细节是什么?
你最深刻的场景是什么?
你最大的发现是什么?

你最努力的部分在哪里？

活动中,谁是你最敬佩的人？

哪些哲人说过的话,能概括你的体会？

你最想对谁说什么话? 说一句话。

步骤二 分享过程

（1）每个同学准备好就自由站出来进行分享,无须排序或点名。尽量发挥大家的主动性。

（2）分享过程其他同学安静倾听,注意有效倾听。

（3）请记录你认为表达最好的 5 位同学及他的表达方式和内容,详细内容如表 6-2 所示。

（4）教师作为观察者或融入其中,不再进行任何点评和提示。

表 6-2　分享记录表格

表达优秀的同学 1：

　理由：

表达优秀的同学 2：

　理由：

表达优秀的同学 3：

　理由：

表达优秀的同学 4:	
理由:	
表达优秀的同学 5:	
理由:	

步骤三 总结提升

（1）所有同学分享完毕，教师进行点评。

（2）完成本项目的考核工作，考核表如表 6-3 所示。对优秀团队进行奖励。

（3）每个团队可以召开会议，对本环节的表现进行分析和总结。

表 6-3 考核表

考核项目（分值小计）	评价指标	分值	得 分
个人分享基本要求（60 分）	1. 声音响亮	10	
	2. 吐字清晰	10	
	3. 仪态大方	10	
	4. 态度真诚	10	
	5. 认真倾听	10	
	6. 过程完整	10	
个人分享奖励项目	1. 文辞优美		奖励数：
	2. 适当引用		
	3. 细节感人		
	4. 真情动人		
	5. 恰当类比		
	6. 幽默		
团队奖励项目	1. 第一个完成的团队		奖励数：
	2. 最具创造性的团队		
	3. 倾听最认真的团队		
	4. 最团结的团队		
	5. 个人奖励最多的团队		

总评＝个人分享奖励项目＋团队奖励项目

评分注意点：本环节每个同学都有单独获得奖励的机会，总评由两部分组成：一是如果达到"个人分享基本要求"的所有项目后，在"个人分享奖励项目"中任何一个项目都可以获一个奖励，假如一个团队 5 个人，其中 4 人每人都获得相应一个奖励，团队就共计 4 个奖励。二是"团队奖励项目"，一项即为一个奖励，颁给获奖的团队。

知识点拨

一、分享

1. 什么是分享

分享就是共同享受,指和别人共同享受欢乐、幸福、悲伤、痛苦。一个人不把一些开心事与别人讲,那么永远就只会自己开心,没有人会替他开心,也没有人会明白他的开心,更没有人会知道他的开心,反之成为痛苦了。一个人不把自己的痛苦与别人讲,那么只会更加痛苦,没有人会替他痛苦,也没有人明白他的痛苦,更没有人会知道他的痛苦,反之更加痛苦。

与人分享有形的财物时,是在分摊此物的所有权。如果分享的是一种观念,你并没有任何损失,即使你把它全部给予出去,它仍然全是你的。如果对方纳为己有,反而强化了你心中的观念,巩固它的势力。

分享的出发点不是"炫耀",而是在于"想帮助别人",帮助那些可能与你遇到相同问题的人。归根结底,分享是为了帮助自己获得更大的进步。分享的心态可以使自己与他人的友谊加深,知识增长,关系融洽,事业顺利,获得更多快乐和帮助。

"三人行,必有吾师"是分享的核心基础。任何人,不论他贫富贵贱,不论他丑美愚智,只要他愿意分享,都可以分享。一本好书可以分享,一个创意可以分享,一个有趣的节目也可以分享。在生命中,你的快乐很重要,更重要的是,当你找到快乐时一定要与别人分享,因为快乐可以传递,可以感染你身边的人,可以为你建立顺畅交流的基础。

2. 学会分享

在一个团队中,每一个人都应该逐渐培养分享的心态,不仅可以分享自己的知识与经验,还可以分享自己的喜悦与悲伤,所谓"赠人玫瑰,手有余香"。分享是一笔隐形的财富,聪明和技巧都留不住它,只有成为一个乐善好施、冲破自私的桎梏的人时,才会获得来自四面八方的能量。

对于企业家来说,更重要的是要学会分享自己的利益。财富如水,分享是渠,要慷慨地和他人分享,要给予,要以开放的心态更多地分享自己的利益。分享是一种精神,他会鼓舞人,从而聚集更多的机会和财富。

把自己的东西主动拿给别人分享,这需要勇气,体现的是仁爱和宽容;而积极地分享别人的思想,则意味着尊重,体现的是民主和合作。分享,不仅仅是一种姿态,更是一种做大事的正确心态。

新东方的创办人余敏洪曾形象地描述分享:无论是一个苹果还是 6 个苹果,都是一个味。如果他将 5 个分给另外 5 位同学,当这 5 位同学带来了其他的水果时,也一定会分享给他。这样他不仅品尝到了一份苹果的味道,还收获了 5 份快乐。

二、接纳

1. 什么是接纳

接纳是心理咨询的一个重要技术。接纳的核心是理解,强调在理解的基础上面对求助者,给予求助者尊重和无条件的关注,这样才能建立良好的咨询关系。所以,在咨询领域里,接纳不仅是一种技术、方法,而且还体现为咨询师的一种良好心态,以及一个合格心理咨询师应该秉承的职业理念。

其实,接纳是一个很宽泛的词,无时不在,无处不在。接纳自己,接纳他人,接纳各种情绪,接纳一切好与不好的事物等。

2. 接纳自己和他人

(1) 接纳自己、欣赏自己是一种积极的人格特征。每一个人都是这个世界上独一无二的人,就像世界上从来没有两片一模一样的树叶一样,拥有自己独特的本质。尊重和喜欢自己,接受自己的性别,接受自己的长相,接受自己的性格,接受自己的感受……完全接受自己的存在,不要逃避和压抑。同时,要找到自己的潜能所在,乐观面对未来。让别人真正喜欢你之前,你必须先接纳自己。请理解下列句子的含义,这些句子很好地表达了自我交流的内容。

我知道我值得爱;

我承认我的价值;

我对自己开放;

我愿意在自己的所有方面接受自己;

我给自己足够的重视和关注;

我表达我心中的东西及对我重要的东西;

我允许自己为人所见;

我把自己视为人生的作者。

(2) 接纳他人就是心里不排斥他人,不厌恶他人,接受他本来的样子,同时在行动上给予尊重。在与人沟通、互动的时候,注意接收、解读对方传达出的各种主要信息,然后利用这些信息做出更妥当、更有效的回应,这就是接纳。我们要尊重他人评价,要学会欣赏他人,发现他人的优点。

接纳别人的技巧有:一是真诚地关心别人;二是学会对人微笑;三是当一名友好的倾听者,接受别人谈自己;四是谈论别人感兴趣的事;五是诚心诚意地使别人感到重要;六是不要责备或抱怨;七是让别人保留面子;八是给人一个中肯评价,使他感到愉快;九是纠正别人错误时不要下命令,多给鼓励。

美国家庭治疗大师萨提亚的小诗《我和你的目标》,形象表达出如何做到接纳。

我和你的目标

我想爱你,而不抓住你;

我想欣赏你,而不批判你;

我想和你一起,而不侵犯你;

我想邀请你,而不强求你;

我想离开你,而无须歉疚;

我想批评你,而非责备你;

并且帮助你,而非侮辱你;

如果我也从你那里获得相同的对待；

那么我们就可以真诚地相会；

来丰润彼此的生命。

3. 接纳的心理机制

接纳的心理机制可以从认知、情感和行动三方面来理解。

一是在认知的层面，就是承认而不排斥，不否定，允许事物以本来的面貌存在。

二是在情感的层面，指接受正面情绪，如体验到接受带来的心平气和，或者是因为得到自己所渴望东西而心存感激。尽量减少生气、愤怒、烦恼、反感等消极负面情绪。

三是在行为的层面，是指不试图去进行强行的改变。

4. 抱怨

抱怨是最不接纳的一种表现。抱怨自己出身贫寒、抱怨专业不好、抱怨机遇总是别人的……其实，没有一种生活是完美的，也没有一种生活会让一个人完全满意，虽然我们做不到从不抱怨，但我们可以让自己少一些抱怨。抱怨在表达哀伤、痛苦或不满的时候，表面上是在保护自己，其实是更严重的一种自我伤害，以错误的归因，来解决现实中自己无法应对的问题，或者是内心 系列的矛盾冲突。"我怎么这么倒霉呀"、"我的运气真差"之类的话，不仅影响心境，还会阻碍我们达成自己的目标。在抱怨心态的影响下，个体将无法面对真实的情形，把属于自己的责任假手他人，交给社会，不去为自己的人生负责，不去采取什么有意义的行动。

美国前总统罗斯福的家中被盗，丢失了许多东西。一般的情况下，丢了东西会很伤心、很难过，他的一位朋友知道后，也就马上写信安慰他，劝他不必太在意。罗斯福给这位朋友写了一封回信，信中说："亲爱的朋友，谢谢你来安慰我，我现在很平安，感谢生活。因为，第一，贼偷去的是我的东西，而没伤害我的生命，值得高兴；第二，贼只偷去我的部分东西，而不是全部，值得高兴；第三，最值得庆幸的是，做贼的是他，而不是我。"罗斯福教我们：抱怨不能改变事实，不可改变之处要坦然接受。

当然，可以改变的事情要努力争取。传播学专家麦克卢汉成功地转化了抱怨，最后取得了巨大的成就，他是这样描述自己的转变的："有许多年，直到我写《机械新娘》，我对一切新环境都抱着极端的道德判断的态度。我讨厌机器，厌恶城市，把工业革命与原罪画上等号，把大众传媒与堕落画上等号。简言之，我几乎拒斥现代生活的一切部分。"后来，他将这种负面情绪转化为学术研究的动力，他说："但是我逐渐感觉到这种态度是多么的无益无用。"他意识到，学习比抱怨更有效，并且积极采取行动改变，终于成就了他的事业。

三、有效表达

表达是将思维所得的成果用语言反映出来的一种行为，以交际、传播为目的，以物、事、情、理为内容，以语言为工具，向对象表现出来。每个人每时每刻都在表达，自我表达，或向公众表达。表达是人际交往中进行交流的方式，它不仅是一种自发行为，更是一种技术、一种艺术。

如何进行有效表达，可以从以下几个方面做起。

（1）真诚的心。要相信"口才只是一种形式，人最重要的贵乎于真诚"。巴尔扎克有一句名言："一清如水的生活，诚实不欺的性格，无论在哪个阶层里，即使心术最坏的人也会对之肃然起敬。"真诚可以化难为易、化险为夷、化恨为爱、化虚为实、化暗为明、化贱为尊。真诚是心与心之间的坦诚无私，是带来信任和鼓励的温暖力量。它是一种不经意的行为，是自然流露的举动。真诚更是一种态度，一种认真学习、谦虚待人的态度。如果只是虚情假意，再精心粉饰的美丽辞藻也无法打动人心。只有互相之间拥有了心灵上的默契，彼此之间的相处才会显得自然和谐。

（2）认真的准备。准备是让自己做到胸有成竹，更加自信。可以从四个方面进行准备：一是了解听众是谁。到什么山唱什么歌，这样可以做到有的放矢。二是弄清在什么场合，是周年纪念还是表扬大会，可以了解会议需要的表达气氛，还可以准备好自己适宜的着装。三是准备讲稿。检查你要表达的核心内容，是否明确，是否新颖。如果是一条新闻，会吸引你去看吗？讲稿一定不是拿来逐字逐句地念的，它只是辅助你更加流畅。四是需要反复练习。和在自己脑中暗暗思考不同，练习时要把谈话内容大声说出来，看这个过程是不是顺畅、流利。经过多次练习，看看你能否做到想和说的一致。

（3）灵活表达控制过程。也许表达的过程中并不是自己想象的那样，总会遇到一些这样或那样的麻烦。不必紧张，相信自己已经做到前两点。在表达的过程中，要集中自己的注意力，不要胡思乱想说话之外的事情，只要真实说出这个时候的感受。同时要做到有始有终，注意认真结尾，不要仓促离开，以表示诚意。

（4）有助于加强记忆的语言。也许没有人能够记住你所有的表达内容，但是其中总会有一些话或是有一些观点让人记忆深刻。平时训练中可以尝试以下做法：一是运用专家证语来支撑自己的观点；二是用数字来表示统计的精确，加强说服力；三是运用类比让表达更加形象化；四是展示或证明，让观点更加真实；五是运用诗化的语言表达生涩的理论，让表达更加生动；六是运用流行语，加强亲切感。

四、虚心学习 5 个人

在一个人的成长过程中，需要学习的东西有很多，需要学习的人也很多。但是，认真学习你身边的 5 个人，会让你收获更多。

一是导师。可以是的上司、前辈、学长。他们教给我们的是实用技巧和工作经验，这些是经过提炼而感悟的知识，可以帮助我们提高学习的效率。

二是同路人。包括同学、同事，甚至是同行旅游的人，和你经历着共同的事，与你有相同话题，与你携手奔赴共同目标。在这个过程中，一个人很难坚持，需要他们的鼓励、监督和帮助，同样鼓励、监督和帮助他们。

三是榜样。榜样是一个人人生的标杆。在一个人的一生中，在不同阶段会有不同的标杆，要向他学习，受他鼓舞，一步一步向他靠拢，也就是向自己的目标靠拢。

四是竞争对手，或是敌人。那些曾经看不起你的人，讽刺过你的人，拒绝过你的人，相信都会激发起你的斗志，都曾用实际行动证明他们的错误。或许他们才会给我们真正的动力。

五是自己。任何时候不要贬低自己，当然也不要高估自己。承认自己的努力，承认自己的付出，失败或许只是方法不对，坚持冷静思考，坚持给自己奖励。任何时候不能放弃自己。

案例链接

案例一　十　年

　　曾经有一位年轻人，一心想成为日本一流的剑客，四处拜师学艺。有一次，他听说有一位隐士住在偏远的地方，是公认的最好的剑客师傅。不过他有个原则：不收徒弟。但是，这位年轻人没有放弃，经过千山万水，终于在深山老林里找到了这位隐士。

　　年轻人问："我需要多长的时间，才可以成为一位杰出的剑客呢？"

　　隐士上下打量了眼前的这个年轻人，说道："大概需要 5 年。"

　　"如果我十分努力，那么需要多长时间？"年轻人觉得 5 年是个漫长的过程。

　　隐士摸着胡须，看着苍茫的群山，回过头对年轻人说："大概需要 10 年。"

案例点评：

　　也许很多人都很奇怪，为什么更加努力，反而需要更长的时间。其实我们认真琢磨会发现，年轻人的心并没有关注剑术本身，而是关注获得成功的时间。也许，年轻人并没有很好地看清自己，接纳自己。有时候，想改变是好事，但渴望改变却妨碍进步。

案例二　一　幅　画

　　有一位画家一直想知道别人是怎么评价自己的作品的。有一天，他想出了一个办法。把自己的画放在画廊上，并在旁边写了一行字：亲爱的朋友，如果您觉得我的画哪里不好，请您用红笔把它圈出来，非常感谢。

　　当天晚上，画家非常伤心，因为红笔几乎把这幅画所有的地方都圈了个遍。他认为自己的努力一文不值，并收起了所有的画笔。此时，他的一个朋友走过来，对他说：你明天依然拿这幅画去画廊，不妨让人们把精彩的部分用绿色的笔圈出来。

　　到了晚上，画家发现，几乎画的每一个角落都被绿色的笔圈出来了。

案例点评：

　　其实，生活中很多时候我们都会碰到同样的情况，好与不好，有用与没用，成功与不成功，都是相对的。没有人能统一别人的看法、别人的评价、别人的观点。其实，最关键是要自己有自己的想法，认识真实的自己。

案例三　司机的工作

　　一天，专栏作家哈维·麦克在机场排队等候出租车。他被眼前驶来的一辆出租车吸引住了，这辆车一尘不染，司机穿着整洁的白衬衫，系着黑领带，裤子熨烫得十分平整。

　　只见司机走下车来为哈维打开后车门，并及时递上一张卡片："我是您的司机威林，在我给您装行李的时候，希望您能够阅读一下我的工作介绍。"

　　哈维拿起卡片看了起来："威林的任务：让我尊贵的顾客沉浸在愉快的氛围中，通过最快捷的、最安全的并且是最为廉价的路线，到达他的目的地。"

同时哈维注意到出租车内同它的外观一样一尘不染的时候,威林已经回到车上:"您要来杯咖啡吗? 热水瓶里有加糖咖啡和无糖咖啡两种。"

哈维说道:"不用了,我还是喜欢喝点饮料。"

"没问题,在小冰箱里面有可乐、水,还有橙汁。"

哈维有点惊讶,差点儿口吃起来:"我,我还是来杯可乐吧。"

递给哈维饮料后,威林说:"如果您想看点东西的话,车里有《华尔街日报》、《时代周刊》、《体育画报》和《今日美国报》。"

车开起来了,威林递给了哈维另一张卡片:"这是我所搜集的播放音乐的电台频率,如果您喜欢的话,可以听一下收音机。"接着,威林问哈维车内温度是不是合适。然后,他为哈维制定出到达目的地的最佳路线。

"告诉我,威林,你一向这样为顾客服务吗?"

后视镜中的威林面带笑容:"不,实际上仅仅是最近两年才这样。在开始 5 年中,我的大多数时间都用来抱怨,就跟大多数出租车司机一样。后来,我在收音机中听到了心理学专家韦恩•戴尔的成长经历,他在一本名为《只要相信就能实现》的书中写道:'如果你在早上起床就期盼会有糟糕的一天,你将不会失望,因为糟糕的事情肯定会如约而至。'停止抱怨! 在竞争中改变自己,不要做鸭子,要做一只鹰。鸭子喋喋不休,抱怨不停,而鹰则越过人群展翅高飞。"

威林说:"他真的让我茅塞顿开,韦恩说的就是我,我就是喋喋不休、抱怨不停,所以我决定改变自己的生活态度,变成一只鹰。"

案例点评:

能搭乘这样的出租车,享受这样专业而细致的服务,对任何旅客来说都是件幸福的事。威林司机对待工作前后态度的变化,关键在于他接纳了自己,接纳了工作,不再抱怨,坦然面对自己的一切,终于在平凡的岗位上做出了出色的成绩。

案例四 梦 的 解 析

有一天,国王召集了所有大臣,他说自己做了一个可怕的梦,梦见自己的牙齿一个一个地掉光了。他非常害怕,问大臣是不是有什么不祥的事情要发生,谁能帮他解梦。

第一个大臣说:"国王,这可是一个不好的梦。你看,你的牙齿一个个都掉光了,不就是预示着你的亲人一个个要先你而去吗?"这个大臣被拉出去宰了。

第二个大臣说:"国王,这可是一个好梦呀。说明你比家族里任何人活的时间都长。"这个大臣获得了大量赏钱。

案例点评:

对同一个现象的不同解释,换来了两种截然不同的命运。说话是一门艺术,一门交流的艺术,要研究对象的心理,讲究说话的方式。在说话过程中,别人在乎你说什么,更在乎你怎么说。

案例五 鞋 匠 之 子

第十六届美国总统亚伯拉罕•林肯出生于一个鞋匠家庭,而当时的美国社会非常重视门第。林肯竞选总统前夕，在参议会演说时，遭到了一个参议员的羞辱。那位参议员说："林肯先生，在你开始演讲之前，我希望你记住你是一个鞋匠的儿子。"

"我非常感谢你使我想起了我的父亲，他已经过世了，我一定会永远记住你的忠告，我知道我做总统无法像我父亲做鞋匠做得那么好。"参议院陷入一阵沉默里，林肯转头对那个傲慢的参议员说："就我所知，我的父亲以前也为你的家人做过鞋子。如果你的鞋不合脚，我可以帮你改正它。虽然我不是伟大的鞋匠，但我从小就跟随父亲学到了做鞋子的技术。"然后，他又对所有的参议员说："对参议院的任何人都一样，如果你们穿的那双鞋子是我父亲做的，而它们需要修理或改善，我一定尽可能帮忙。但是有一件事情是可以肯定的，我无法像他那样伟大，他的手艺是无人能比的。"说完，林肯流下了眼泪，所有的嘲笑都化成了真诚的掌声。

案例点评：

林肯用真诚的演说化解了一场嘲笑，这需要的不仅是智慧，而且是感恩的心。一个人的家庭出身已是命中注定、无可更改，但这出身并不决定你的一生，关键是不要妄自菲薄，自己瞧不起自己。不要否认，不要辩解，坦然地面对这一切，真诚地热爱你平凡普通的父母，这样才会真正赢得别人的尊重。

案例六　有事一肩扛

小王是一个普通的上班族，通过努力，获得了一个部门主管的职位，自小独立生活的他一向很上进，而且养成了什么事都亲力亲为的工作作风。他非常珍惜这个职位，并付出了加倍的努力，而所在的部门在他的领导下，不断争取到新的合作，获得了可喜的成绩。

但是，小王却有苦恼的时候，业务增多固然是好事，但是工作时间也加长了，工作几乎已经成了他生活的全部，家里的老小不理解他，部门的同事出现了不满情绪，朋友也疏远了他，他感觉自己像是一根皮筋在被无限拉长。半年下来，小王也有了勉强支撑的感觉，他开始在心里责怪起自己的顶头上司，怎么这么不体谅自己的辛苦。有时还挑剔工作做得不够完美，不断苛求，不知道还有没有人性。

有一天，顶头上司终于发现小王精神不佳，找他谈话。小王说出了自己的苦衷：我们部门的工作分量已经增加了三倍，而却保持人数不变，大家都压得喘不过气了，我也感觉快支撑不下去了。

听完后，顶头上司很无辜地说："你为什么不早告诉我呢？我一直等着你来跟我多要几个人，没想到你竟然什么都没说。所以我以为，你这个部门可以胜任更多工作量，是你自己制造了自己和你那个部门同事的负担呀！"

小王咋舌。

案例点评：

小王养成了"有事一人扛"的作风，一直以为用自己的能力可以解决面对的一切问题，所以工作上的忍辱负重，反而换来了更多的压力。其实，如果可以早点向上司祖露真实情况，也许可以更轻松更有效地解决问题。

项目体验

体验一　你是否能接纳别人

请对下面几个心理问题做出选择。具体做法：在每个问题的 A、B、C 三种情况中做出选择，然后计算得分。

1. 你和你的朋友能友好多久？（　　　）

　　A. 大多数都能多年

　　B. 长短不等，志趣相投者可以多年

　　C. 当对方暴露出某些缺点时，我不再与之交往

2. 作为你的朋友，下面三种品质哪一种最重要？（　　　）

　　A. 具有能够使人感到愉快的能力

　　B. 诚实可靠

　　C. 对你的缺点从来不指出

3. 对一个有陋习不少的同学（　　　）。

　　A. 你很热情地接纳，并诚恳地指出，使之不断克服陋习

　　B. 与之相处，多看到朋友的长处，从不揭短

　　C. 不屑与之交往

4. 当你的同学有困难时，你发现（　　　）。

　　A. 他们来找你请求帮助

　　B. 只有与你关系密切的才向你求助

　　C. 他们不愿意来麻烦你

5. 当你度假时，你（　　　）。

　　A. 通常很容易交到朋友

　　B. 喜欢独自一个人消磨时间

　　C. 希望交到朋友，可是发现很难做到

6. 你发现（　　　）。

　　A. 一般说来你几乎能同任何人都合得来

　　B. 你只能同与你趣味相同的人们友好相处

　　C. 你很不情愿与人接近

7. 如果同学们搞你的恶作剧，你（　　　）。

　　A. 和他们一起大笑

　　B. 看你的心情和环境如何，也许和他们一起大笑，也许生气并发怒

　　C. 很生气

8. 如果有人请你去玩或在聚会上唱歌，你往往（　　　）。

　　A. 饶有兴趣地欣然应邀

　　B. 找个借口推辞掉

　　C. 断然回绝

9. 一位朋友邀请你参加他的生日,可是,任何一位来宾你都不认识(　　)。

　　A. 你非常乐意地认识他们

　　B. 你去参加只是为了帮助朋友筹备生日

　　C. 你以不认识他的朋友为由拒绝了

10. 你已经定下了要去会一个朋友,可是你却疲惫不堪,你(　　)。

　　A. 去赴约,并且尽量玩得高兴

　　B. 去赴约,但问他(她)如果早些回家的话,他(她)是否会介意

　　C. 不赴约,希望朋友能谅解你

所有题目答完后,进行分数统计:A得3分;B得2分;C得1分。

20~30分,表明你很容易接纳别人。你的伙伴们非常爱你,朋友们为你而感到幸运。

10~19分,表明你不是很容易接纳别人,你需要朋友主动围在你身边,你虽喜欢帮助别人,但只限制在不花费你太多精力的前提下。

8分以下,表明你不愿意接纳别人,你置身于众人之外,相当孤僻,仅仅为自己而活着。不要奇怪你的朋友这样少。

得分高的同学,你很容易接纳别人,你的交际网上已经亮起了绿灯,请你珍惜;得中等分数的同学,你也不错,经过不断改进,你将会有许多朋友;获得低分的同学,请不要悲哀,目前虽然你的交际尚不理想,但这个分数就等于向你敲响警钟,提醒你注意,只要不断冲破交往障碍,掌握交往技巧,你就会逐渐拥有朋友,请你马上行动,不要再犹豫。

体验二　学会使用接纳的语言

接纳一个人,并不是意味着接受他的光明面,排斥他的消极面,而是要接纳一个人的优点和缺点,要信任对方,理解对方,与对方共鸣、共情。以下句子可以表达与对方相同的感受或情绪,生活中学会使用以下语言,细心发现它给你带来的变化。

1. 遇到别人向你倾诉苦水的时候,你可以跟他说:

我很理解你现在的感受……

我知道你很委屈……

我知道你很伤心……

2. 遇到别人愤愤不平的时候,你可以跟他说:

我知道责任在我……

我知道遇到这样的事情的确让人很难受……

太相似了,我曾经有过和你一样的经历和感受……

3. 需要给别人以鼓励的时候,你可以这样说:

我能感觉到你是一个非常优秀的人……

我明白了,你一直在努力……

是的,你真让感动……

4. 表达与别人分歧意见的时候,你可以这样说:

我尊重你的感受,但是……

我赞同你的观点,然而……

我认同你的想法,我和你的想法有相同之处,不过……

正是你的观点启发了我,如果……

体验三 小金鱼死了

下面是个小例子,教会你在生活中如何正确使用接纳语言。希望活学活用,多加尝试。

一个小女孩养了一条漂亮的小金鱼。有一天早上起来,她发现小金鱼死了,小女孩非常伤心,一个人躲在一旁,好久都没有说话。

爸爸看到后,过来安慰她:"别哭了,不就是一条小金鱼吗?爸爸再给你买一条。"

小女孩哭得更伤心了,"我不要你再买一条,我就要原来这条!"

爸爸很生气也很无奈,这明摆着就是无理取闹嘛,不由冲孩子嚷道:"你怎么这么不可理喻!"

孩子哭得更伤心了。

你知道小女孩需要什么吗?爸爸应该怎样说?

参考:我和你有着一样的感受,失去一个好朋友是会很难过的。

你还可以选择哪些语言呢?

_____

_____

_____

_____

体验四 不 抱 怨

任务一:以下是对同一个现象的两种不同心态,请您学会选择不抱怨的做法,你会发现,原来生活更美好!通过前面的例子,请把后面三种现象的"抱怨"、"不抱怨"语言补充起来,详情如表6-4所示。

表6-4 两种心态

现 象	抱 怨	不 抱 怨
路上走路,与别人撞了一下	没长眼睛啊	他也不是故意的
同学对面走过,你对他微笑,而他连个招呼也没打	高傲吗?我还懒得理你呢	他想着自己的事,没留神吧
很努力完成了一个任务,认为已经很完美,却遭到狠批	为什么事先没想到啊,真是白辛苦了	我这么小心还是有疏漏,下次要吸取教训,更加努力哦
口渴喝水急了,呛着了	怎么这么倒霉,喝水都要找我麻烦	我现在有点急躁了,要沉稳一点儿
下班前,临时通知加班		
推选先进,你同桌推选上了,而你没有		
在食堂排队,拥挤不堪		

任务二:使用"确定"的语言减少抱怨的发生。

生活中,一个人如果遇到了一些不如意的情况,有时准确地把你的心情表达出来,让对方知道,就能很快得到回应,从而减少类似抱怨情况的发生。如,"请你们别这样好不好?"你可以更加明确地表达出来:"请你们不要在公众场合抽烟,大声喧哗,这样会使我们感到烦躁和不舒服。"

问题一:明天市里领导要来检查,请早点到单位。

确定的语言是:_____

_____

参考:明天市教育局局长一行要来检查教学规范执行情况,请 7 点钟之前到单位。

问题二:你认真一点行吗?

确定的语言是:_____

_____

心灵小语

● 接受失败如同接受赞美一样容易,因为失败是学习过程中再自然不过的事。
● 悲观者只看到机会后面的问题;乐观者却看见问题后面的机会。

实训日志

项目 6　实训日志如表 6-5 所示。

表 6-5　实训日志

日期		天气	

主要实训内容:

体会与感想:

努力方向:

项目7 压力管理与沟通训练

——新客户拜访

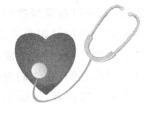

实训目标

◇ 通过寻找新客户的任务,培养学生主动接触社会的意识。

◇ 让学生感受压力、认识压力,并能在压力下进行团队合作、调整个人情绪,直至完成任务。

◇ 锻炼学生与人沟通的方法、沟通的技巧,学会人际理解。

◇ 让学生了解本专业市场情况,并能在实际中获得一些专业学习。

项目描述

同学们走入市场,每人需要拜访三家企业或商店,并寻找企业或商店的负责人,跟他们进行交流。要求完成反馈表的评价、获得签名或印章、与企业主合影三个分任务,在完成任务过程中学会压力管理,进行沟通的训练。

实施步骤

步骤一 准备工作

(1) 明确目的。本次拜访活动的主要目的是学习,虚心地向专业人士学习。学生们深入市场,可以锻炼自己的沟通主动性,同时和专业人士进行交流,获得今后专业学习的帮助。对于新生,通过这样的活动,可以找到自己的实践导师,为今后实训打下基础,同时,学会与人进行有效沟通与交流。

(2) 企业选择。每个团队可以根据团队自身的特点,拜访前先有目的地选择某一行业的背景资料进行学习,选择相关的企业作为拜访对象。如通信业的电信公司、移动公司、联通公司,它们服务有较强的相似性,通过拜访可以了解它们更多的差异。也可以拜访物流行业的运输、仓储、配送相关单位,它们分别是物流行业的各个功能单位,通过拜访可以了解这个行业的发展现状。同样,同学们可以根据专业情况做更多的选择。需要注意的是,要对所拜访的企业有个初步的了解,特别是每个同学所要拜访的三家企业,要做到心中有底。有必要可以先电话进行预约。企业资料准备如表 7-1 所示,沟通准备如表 7-2 所示。

(3) 接近说辞准备。考虑到拜访环节的特殊性,它与业务拜访有一定差异,学生又是第一次拜访,所以对说辞进行了适当的编排,同学们可以参考以下文字:"您好,我是某某学校的学生,今天进行'职业心理训练课程'的'新客户'拜访的任务(可以把手册翻开,让他们对你产生兴趣)。我们的主要任务是向您学习,了解您的创业过程或是企业的发展状况(阐明自己学习的目的,让他们消除戒备)。我学的是某某专业,正和您的企业相关,您刚好又是这个行业的佼佼者,经验丰富(适度赞美,增进好感),现在在学习中,我遇到一些困惑,很需要得到您的帮助(谦虚态度,可获得同情)。我们交流大约需要占用您 6 分钟时间(简短时间,可以让他产生实际行动。交谈如果顺利,当然可以根据情况延长时间),非常感谢。"

这里提供的只是一个简单粗糙的版本,大概向企业表明来意,实际拜访中,可以根据时间、对象、环境进行随机应变。

(4) 物品准备。带上实训手册、笔和笔记本、相机、适当的钱币等。

(5) 仪表准备。注意梳洗干净,穿戴整洁。

(6) 拒绝准备。大部分对象是友善的,遇到拒绝是正常的。换个角度来说,他们没有义务来接待你,找一个借口来推却你,并不是真正讨厌你。不要灰心,要加油。

(7) 安全注意事项。注意交通安全,坐车请索要发票;注意财务安全,不带大量现金,保管好手机和相机;注意人身安全,拜访过程中有理有节,注意形象;团队进行合作,可以2~3个人一组,相互鼓励和配合。

(8) 言行准备。请始终做到:注意倾听,保持微笑,信守承诺,用爱与耐心。受挫时要做到:不批评、不责备、不抱怨、不攻击、不懊恼。关键时候要做到:承认我错了。结束时一定用:谢谢、非常感谢。

表 7-1　企业资料准备表

企业名称:		地址:
联系电话:		负责人的名字、通信方式:
企业的基本情况:历史、规模、主要业务内容、近期有没有什么活动(关注新闻)、有哪些竞争对手、行业中的地位等。		

表 7-2　沟通准备表

新客户拜访的目的	
新客户拜访的方法	方法一:
	方法二:
	方法三:
新客户拜访的场所	

可能问哪些问题	
对方会有哪些顾忌	
我应该如何表达我的观点	如何才能使别人对我的观点更感兴趣？
	如何才能更清晰地表达观点？
	如何才能更简明扼要地表达观点？
	如何才能使表述更鼓舞人心？
	如何才能在表述时增加趣味性？
	如何才能找到观点与沟通对象之间的关联？
	如何才能增强互动性？
	如何使我的想法更令人印象深刻？
	如何使我的表述为大部分人所认同？
	如何使我的观点更令人感同身受？
	如何使我的观点更具体明确？
	如何使我的观点更有效用？
	如何使我的观点更容易被理解？
如何突破心理防卫，让对方愿意真诚沟通	

步骤二　客户拜访

（1）学生以团队为单位深入市场，进行新客户拜访活动。

（2）根据实际情况，时间可以是半天或一天。过程中遇到的问题，鼓励团队协作解决，可以联系老师获得帮助。关键点必须向老师汇报进展情况，如中午11点或下午4点等、完成第一家拜访单位、团队完成一半任务时。

（3）任务内容分三步走，如表7-3所示。

表7-3　任务书

任务	客户寻找	交　流	反　馈
内容	寻找目标客户	寻找负责人 与负责人进行交流	反馈意见，盖章或签名 说服合影
职业技能	了解市场 专业知识分析	专业交流 经验交流	关系建立 情感维系
职业心理	主动性 人际理解 压力管理	沟通技巧 团队合作	说服技巧 意志力

（4）在交流过程中，说服企业负责人填写反馈表，如表7-4所示。

表 7-4 企业反馈表

谢谢您接受了学生的拜访,您的评价对学生很重要,让我们一起鼓励年轻人的成长吧!我保证您的信息只做教学之用。谢谢!

负责人信息		姓名		职务		电话	
评价	主动性:	优 ☐	良 ☐	及格 ☐	不及格 ☐		
	自信心:	优 ☐	良 ☐	及格 ☐	不及格 ☐		
	语言表达:	优 ☐	良 ☐	及格 ☐	不及格 ☐		
	沟通能力:	优 ☐	良 ☐	及格 ☐	不及格 ☐		
	团队合作:	优 ☐	良 ☐	及格 ☐	不及格 ☐		
	礼貌礼节:	优 ☐	良 ☐	及格 ☐	不及格 ☐		
	专业知识:	优 ☐	良 ☐	及格 ☐	不及格 ☐		
综合评价						签字/盖章 日期	

步骤三 思考与提升

(1) 所有团队在完成任务后,返回学校。统一时间集合。

(2) 需要对拜访的内容进行整理和分析,如表 7-5 所示。每个团队进行汇总,写出任务完成情况汇报资料。

(3) 完成本项目的考核工作,详情如表 7-6 所示。

表 7-5　企业分析表

名称		联系人	
地点		联系方式	
主体描述	（地址、面积、规模、人员等）		
交流的信息	（简洁概括）		
你对主体的评价			
你对负责人的印象			
其他			

表 7-6　考核表

考核项目(分值小计)	评价指标	分值	得　分
准备工作(35分)	1. 队员分工合理	10	
	2. 拜访有目标	10	
	3. 做对象资料收集分析	10	
	4. 物品准备充分	5	
沟通过程(45分) 详见企业反馈表	1. 主动性	25	
	2. 自信心		
	3. 语言表达		
	4. 沟通能力		
	5. 团队合作		
	6. 礼貌礼节		
	7. 专业知识		
	8. 评语	5	
	9. 签名	5	
	10. 盖章	5	
	11. 合影	5	
沟通反馈(20分)	企业电话反馈	20	
总　　分		100	

知识点拨

一、沟通

1. 什么是沟通

沟通本意是指开沟以使两水相通,现在泛指人与人之间的信息交流。沟通时时存在,处处存在。在生活中,沟通是人的一项基本技能。有时,人们认为沟通只是在人际交往时不隐瞒、真实地表达本意就行了。其实,沟通不仅需要以诚相待,也需要技巧,沟通更是一门艺术。

沟通的目的是经过交流,使双方能够达到共识,就是让他人懂得自己的意思,自己明白他人的意思。所以,有效沟通是指提高理解别人的能力,同时增加别人理解自己的可能性。

2. 沟通要素

一个完整的沟通过程一般由六个基本要素构成。

(1)沟通的情境:沟通总是在一定的背景中发生的,沟通情境是指互动发生的场所或环境,是每个互动过程中的重要因素。沟通情境包括三方面的因素:一是指心理因素,沟通主体处于兴奋、激动状态或是处于悲伤、焦虑状态;二是指沟通的物理环境,如在公共汽车上、开会的时候、五星级酒店等;三是指沟通的社会情境、文化背景等。情境因素直接或间接地影响了沟通的效果。

(2)信息的发出者:是指发出信息的人,他不仅有目的地传播信息,还对传出的信息进行编码,即把信息加工、组织成便于传递的形式。

(3)信息:是指信息发出者希望传达的思想、感情、意见和观点等。

(4)信息的接收者:是指信息传递的对象,即接收信息的人。

(5)通道:是指信息由一个人传递到另一个人所通过的渠道,是指信息传递的手段。如视觉、听觉和触觉等。信息必须通过一定通道才能存在和传递,声、光、电、动物、人以及报纸、书刊、电影、电视等,都是信息传递的载体。

(6)反馈:是指信息由接收者返回到信息发出者的过程,即信息接收者对信息发出者的反应。有效的、及时的反馈是极为重要的。我们在交流时,要对信息加以归纳和整理,及时反馈回去,才能促进沟通的效果。

3. 有效沟通

沟通能力是指沟通者所具备的能胜任沟通工作的优良主观条件,指一个人与他人有效地进行沟通信息的能力。有效沟通跟个人的外在技巧和内在动因有关,但关键要做到以下两点。

(1)倾听。一个好的沟通者首先应是一个好的倾听者,要听懂对方表达的含义,关注言语之外隐含的信息,最好进行换位思考,站在对方的角度来理解他表达的内容。倾听让人感觉到你的谦虚,同时让你关注到更多细节。倾听的时候要注意以下几点:一定要集中精力,不能敷衍;要对内容做出反应,不能面无表情;不要轻易打断人家说话;要领会对方的意图。教育家卡耐基说："做个听众往往比做一个演讲者更重要。专心听他人讲话，是我们给予他的最大尊重、呵护和赞美。"

 知识拓展

十种倾听技巧

让对方知道你在注意听是很重要的。以下有十种增进倾听技巧的方法。

1. 消除外在与内在的干扰

外在和内在的干扰是妨碍倾听的主要因素。因此要改进聆听技巧的首要方法就是尽可能地消除干扰。必须把注意力完全放在对方的身上，才能掌握对方的肢体语言，明白对方说了什么、没说什么，以及对方的话所代表的感觉与意义。

2. 鼓励对方先开口

首先，倾听别人说话本来就是一种礼貌，愿意听表示我们愿意客观地考虑别人的看法，这会让说话的人觉得我们很尊重他的意见，有助于建立融洽的关系，彼此接纳。

其次，鼓励对方先开口可以降低谈话中的竞争意味。我们的倾听可以培养开放的气氛，有助于彼此交换意见。说话的人由于不必担心竞争的压力，也可以专心掌握重点，不必忙着为自己的矛盾之处寻找遁词。

最后，对方先提出他的看法，你就有机会在表达自己的意见之前，掌握双方意见一致之处。倾听可以使对方更加愿意接纳你的意见，让你在说话的时候，更容易说服对方。

3. 使用并观察肢体语言

当我们在和人谈话的时候，即使我们还没开口，我们内心的感觉就已经透过肢体语言清清楚楚地表现出来了。听话者如果态度封闭或冷淡，说话者很自然地就会特别在意自己的一举一动，比较不愿意敞开心胸。从另一方面来说，如果听话的人态度开放、很感兴趣，那就表示他愿意接纳对方，很想了解对方的想法，说话的人就会受到鼓舞。而这些肢体语言包括自然的微笑、双臂不交叉、手不放在脸上、身体稍微前倾、常常看对方的眼睛以及点头。

4. 非必要时，避免打断他人的谈话

善于听别人说话的人不会因为自己想强调一些细枝末节、想修正对方话中一些无关紧要的部分、想突然转变话题，或者想说完一句刚刚没说完的话，就随便打断对方的话。经常打断别人说话就表示我们不善于听人说话，个性激进，礼貌不周，很难和人沟通。

虽然说打断别人的话是一种不礼貌的行为，但是如果是"乒乓效应"则是例外。所谓的"乒乓效应"是指听人说话的一方要适时地提出许多切中要点的问题或发表一些意见感想，来响应对方的说法。还有一旦听漏了一些地方，或者是不懂的时候，要在对方的话暂时告一段落时，迅速地提出疑问之处。

5. 听取关键词

所谓的关键词，指的是描绘具体事实的字眼，这些字眼透露出某些信息，同时也显示出对方的兴趣和情绪。透过关键词可以看出对方喜欢的话题，以及说话者对人的信任。

另外,找出对方话中的关键词也可以帮助我们决定如何响应对方的说法。我们只要在自己提出来的问题或感想中加入对方所说过的关键内容,对方就可以感觉到你对他所说的话很感兴趣或者很关心。

6. 反应式倾听

反应式倾听指的是重述刚刚所听到的话,这是一种很重要的沟通技巧。我们的反应可以让对方知道我们一直在听他说话,而且也听懂了他所说的话。但是反应式倾听不是像鹦鹉一样,对方说什么你就说什么,而是应该用自己的话,简要地述说对方的重点。比如说"你说你住的房子在海边? 我想那里的夕阳一定很美"。反应式倾听的好处主要是让对方觉得自己很重要,能够掌握对方的重点,让对话不至于中断。

7. 弄清楚各种暗示

很多人都不敢直接说出自己真正的想法和感觉,他们往往会运用一些叙述或疑问,百般暗示,来表达自己内心的看法和感受。但是这种暗示性的说法有碍沟通,因为如果遇到不良的听众,他们话中的用意和内容往往被人所误解,最后就可能会导致双方的失言或引发言语上的冲突。所以一旦遇到暗示性强烈的话,就应该鼓励说话的人再把话说得清楚一点。

8. 找出重点

找出重点,并且把注意力集中在重点上面,讨论问题的细节也许很有趣,可是找出对方话中的重点,并且把注意力集中在重点上面,这样我们才比较容易地从对方的观点了解整个问题。只要我们不再注意各种细枝末节,就不会因为没听到对方话中的重点或是错过主要的内容,而浪费了宝贵的时间,或者做出错误的假设。

9. 暗中回顾,整理出重点,并提出自己的结论

当我们和人谈话的时候,我们通常都会有几秒钟的时间,可以在心里回顾一下对方的话,整理出其中的重点所在。我们必须删去无关紧要的细节,把注意力集中在对方想说的重点和对方主要的想法上,并且在心中熟记这些重点和想法。

暗中回顾并整理出重点,也可以帮助我们继续提出问题。如果我们能指出对方有些地方的话只说到一半或者语焉不详,说话的人就知道,我们一直都在听他讲话,而且我们也很努力地想完全了解他的话。如果我们不太确定对方比较重视哪些重点或想法,就可以利用询问的方式,来让他知道我们对谈话的内容有所注意。

10. 接受说话者的观点

如果我们无法接受说话者的观点,那我们可能会错过很多机会,而且无法和对方建立融洽的关系。就算是说话的人对事情的看法与感受,甚至所得到的结论都和我们不同,他们还是可以坚持自己的看法、结论和感受。尊重说话者的观点,可以让对方了解,我们一直在听,而且我们也听懂了他所说的话,虽然我们不一定同意他的观点,我们还是很尊重他的想法。若是我们一直无法接受对方的观点,我们就很难和对方彼此接纳,或共同建立融洽的关系。除此之外,接纳也能够帮助说话者建立自信,使他更能够接受别人不同的意见。

(资料来源:我的家个人博客 http://www.x5dj.com/blog/00269864/00061765.shtml)

（2）说。在听懂的基础上，言简意赅，要言不烦地回答对方关注的焦点问题。与人沟通时，你所表达的内容应该70%是对方想听的，30%才是你要说的。所以，要善于了解对方的需求点，知道对方感兴趣的话题，然后准确无误地说出来。说的时候要真诚，做到对事不对人。

沟通能力看起来是外在的东西，而实际上是个人素质的重要体现，它关系着一个人的知识、能力和品德。在沟通过程中，始终保持重话轻说、硬话软说、错的好好说、急的慢慢说。并注意自己说话的节奏，声调不用高，语速不要快，吐词要清楚，做到言简意赅。

二、压力管理

1. 什么是压力

每个人都经历过压力，压力本身就是生活的一部分，应该说压力无处不在。对于什么是压力，医学、物理学、管理学中不同流派都有不同的定义。通俗来讲，任何有碍人们生理、心理健康的干扰，都可以为称为压力。从心理学的角度来说，压力是自己生理或心理的因素，当一个人受到内在或外在刺激时所产生的一种紧张或不平衡的状态。

每个人对压力有不同的回应，某些事情对一些人是一种压力，但对别的人却是一种乐趣。从某种程度上说，压力是一种消极、负面的体验。不适当的压力或者过度压力往往会带来不适感，甚至是破坏性后果，如头痛、过敏、记忆力减退等，长久压力会导致身心疾病。但是，并不是所有的压力都会给人们负面的影响，一些适度的压力可以给人以振奋、提升工作的动机、引发正向情绪等。所以，在很大程度上，压力对个体的作用，取决于我们对情境和自身能力的感知。我们需要调适自己，正确面对发展过程中出现的各种压力，找到一个平衡点，寻找更多的良性压力而尽量避免恶性压力的出现。

2. 压力产生的原因

压力源是导致压力的外在和内在的原因，从个体的角度来讲，低自尊，也就是自我感觉不好的人往往产生更多的压力。同时，生活的重大变化，如升学、婚姻纠纷、子女教育等，都会带来一些压力感受。在工作中，压力主要来自工作的负荷，因为疲乏而带来烦恼。同时还有角色的冲突、不利的工作环境、客户的不良沟通等。

3. 压力管理

压力管理主要是两个方面的管理，一是压力源造成的事情本身的处理；二是压力造成的反应的处理，主要是情绪、心理等方面的调节。如何有效进行压力管理？下面是应注意的几个方面。

首先，分清压力源，认清压力事件的性质，理性分析压力事件的来龙去脉。如你演讲失败了。你考虑以下几个问题并做出回答"是我准备不充分吗？"、"是我缺乏经验吗？"、"我的声誉会受到影响吗？"、"我会被退学吗？"、"我的老师会认为我无能吗？"、"我的父母会因此不喜欢我吗？"经过分析会发现，演讲失败并不是糟糕至极的事情。所以，要理性分析压力产生的原因，可以减少对压力的过度反应。

其次，寻找社会支持，多与人进行交流。一群你可以依靠、能给你鼓励和安慰的人，构成了社会支持系统。通过亲近他人这个过程，减少压力引起的不适。我们要把自己看成是社会人,处于一个互相联系的系统中。

最后,要认清并接受情绪经验的发生,获得放松的方法。当一个人在沉思、冥想或从事缓慢的松弛活动时,如肌肉松弛训练、瑜伽、打坐等,在体内会产生一种宁静气息,使得心跳、血压及肺部氧气的消耗降低,而使身体各器官得到休息,从而缓解压力。

4. 减少压力的方法

(1)一次只担心一件事情。

(2)不管多忙,锻炼身体。

(3)放慢说话的速度。

(4)彻底放松一天。

(5)至少记住当天发生的一件美好的事情。

(6)学会拒绝,适时说"不"。

三、人际理解

一位正在候车的年轻人身上没有带零钱投币,便想在附近的报亭买份报纸换些零钱。报亭老板见年轻人递过一张 50 元的钞票,就说:"我找不开。"年轻人追问:"真的找不开?"老板点头。年轻人把钱收回去,一言不发地开始翻手头上的报纸。老板终于忍不住,说:"先生,你往旁边挪点儿,别挡在我窗口的前面啊。"年轻人头一抬,说:"那你把报纸卖给我啊。"老板有点儿生气:"我不是说找不开吗?""我在这里站半天了,你一直找给别人 10 元、20 元的,就找不开我这 50 元?""我有自己的原则,我就是找不开钱,就是不卖给你。"老板提高了声音。"我也有原则。我今天就是要站在这里看完报纸。"年轻人也面红脖子粗地回道。

最后,报亭老板见这么吵下去做不成生意,只好收下那张 50 元的钞票,给他找回 49 元零钱。那年轻人呢,虽然成为"坚持原则"的胜利者,可他要等的那路公共汽车已经过去好几趟了。

这也许是生活中常见的例子,报亭老板和年轻人其实谁都知道双方真正的意图,但是,却没有站在对方的角度去理解对方,最后造成双方的损失。现实当中有很多人和事不被人理解,也有很多人不理解别人,这就造成了人际交往的障碍。理解是社会生活中人与人之间相互了解、体谅、尊重、信任支持和帮助的前提。

人际理解力是指理解他人的思想、感情与行为的能力,即通过他人的语言、语态、动作等,去理解和分享他人观点的能力。人际理解力是现代企业管理中重要的工作技巧,也是人力资源管理人员必须具备的关键素质之一,具备人际理解力素质的人,通常都有很强的亲和力。

通常描述人际理解力有两个维度:一是对他人理解的深度,包括从理解明确的想法或明显的情感,到理解他人行为背后复杂的、隐藏的动机等。二是倾听并反馈给他人,包括根据他人对行为与事件的描述,帮助对方解决难题等。

具备人际理解力素质的人能通过"紧闭的嘴唇和忧伤的眼神"来读懂这个人"很沮丧",通常能觉察他人的感觉或心情,理解他人的兴趣、需求与观点。

人际理解力是成就高水平的影响力与服务精神不可或缺的基础。通常在成功人士的案例中,他们都会同时表现出人际理解力、影响力、服务精神等几项素质。另外,人际理解力对于培养他人的组织意识、团队合作与关系建立等素质方面也发挥着基础支持作用。

 # 案例链接

案例一　园丁的电话

汤姆在一个富人家当园丁已经有一段时间。有一天,他给这个富人家打电话:

"您好! 我是一名优秀的园丁。请问你们需要园丁吗?"

富人的太太接到电话说:"谢谢,不需要。我们已经有一位园丁了。"

汤姆说:"我的拔草技术很棒,我可以在很短的时间内把你草坪上的杂草一一拔除,不会伤害到任何一朵鲜花。"

富人太太说:"谢谢你这么说。不过,我现在的园丁也一样能做到。"

汤姆继续说:"其实我最拿手的是修草的技术。我修剪的草坪既整齐又漂亮。"

富人太太回答:"其实我现在的园丁也能把草坪修剪得很好。我想他应该不会逊色于你的。请你另谋高就吧。"

汤姆的朋友听到这个电话,很是诧异:"你不就是这个富人家的园丁吗? 你为什么打这样的电话呢?"

汤姆的脸上终于露出了微笑:"要是我不打这样的电话,我怎么知道他们对我的工作是否满意呢?"

案例点评:

沟通的作用是获取信息,改善人际关系,目的是达成共识。有时,当面的评价并不一定都是真实的。汤姆为了能把工作做得更好,获得工作对象的评价,打了这通电话,首先表明他诚恳的态度,同时说明他的用心良苦。沟通需要技术,更需要艺术。

案例二　我要去拿燃料

美国知名主持人林克莱特一天访问一名小朋友,问他说:"你长大后想要当什么呀?"

小朋友天真地回答:"我要当飞机的驾驶员!"

林克莱特接着问:"如果有一天,你的飞机飞到太平洋上空所有引擎都熄火了,你会怎么办?"

小朋友想了想说:"我会先告诉坐在飞机上的人绑好安全带,然后我挂上我的降落伞跳出去。"

当现场的观众笑得东倒西歪时,林克莱特继续注视这孩子,想看他是不是自作聪明的家伙。

没想到,接着孩子的两行热泪夺眶而出,这才使得林克莱特发觉这孩子的悲悯之情远非笔墨所能形容。

于是林克莱特问他说:"为什么要这么做?"

小孩的答案透露出一个孩子真挚的想法:"我要去拿燃料,我还要回来!"

案例点评:

我们经常犯这样的错误:在别人还没有来得及讲完自己的事情前,就按照我们的经验大加评论和指挥,片面做出判断。所以,在与人沟通过程中,一定要听完别人的表达内容,才能明白他所指的意思,一定不要理所当然地妄加猜测。

案例三　团队沟通技巧

现代企业都非常注重沟通,既重视外部的沟通,更重视与内部员工的沟通,沟通才有凝聚力。以下是一些值得借鉴的好做法。

讲故事: 波音公司在 1994 年以前遇到一些困难,总裁康迪上任后,经常邀请高级经理们到自己的家中共进晚餐,然后在屋外围着个大火讲述有关波音的故事。康迪请这些经理们把不好的故事写下来扔到火里烧掉,以此埋葬波音历史上的"阴暗"面,只保留那些振奋人心的故事,以此鼓舞士气。

聊天: 奥田是丰田公司第一位非丰田家族成员的总裁,在长期的职业生涯中,奥田赢得了公司内部许多人士的深深爱戴。他有 1/3 的时间在丰田城里度过,常常和公司里的多名工程师聊天,聊最近的工作,聊生活上的困难。另有 1/3 的时间用来走访 5 000 名经销商,和他们聊业务,听取他们的意见。

解除员工后顾之忧: 某航空公司总裁凯勒尔了解到员工最大的担心是失业,因为很多航空公司都是旺季时大量招人,在淡季时辞退员工。凯勒尔上任后宣布永不裁员。他认为不解除员工的后顾之忧,员工就没有安全感和忠诚心。从此,该公司以淡季为标准配备人员,当旺季到来时,所有员工都会毫无怨言地加班加点。

帮员工制订发展计划: 爱立信是一个"百年老店",每年公司的员工都会有一次与人力资源经理或主管经理的个人面谈时间,在上级的帮助下制订个人发展计划,以跟上公司业务发展,甚至超越公司发展步伐。

鼓励越级报告: 在惠普公司,总裁的办公室从来没有门,员工受到顶头上司的不公正待遇或看到公司发生问题时,可以直接提出,还可越级反映。这种企业文化使得人与人之间相处时,彼此之间都能做到互相尊重,消除了对抗和内讧。

动员员工参与决策: 福特公司每年都要制订一个全年的"员工参与计划",动员员工参与企业管理。此举引发了职工对企业的"知遇之恩",员工投入感、合作性不断提高,合理化建议越来越多,生产成本大大减少。

返聘被辞退的员工: 日本三洋公司曾经购买美国弗里斯特市电视机厂,日本管理人员到达弗里斯特市后,不去社会上公开招聘年轻力壮的青年工人,而是聘用那些以前曾在本厂工作过,而眼下仍失业的工人。只要工作态度好、技术上没问题,厂方都欢迎他们回来应聘。

培养自豪感: 美国思科公司创业时,工资并不高,但员工都很自豪。该公司经常购进一些小物品如帽子,给参与某些项目的员工每人发一顶,使他们觉得工作有附加值。当外人问该公司的员工:"你在思科公司的工作怎么样?"员工都会自豪地说:"工资很低,但经常会发些东西。"

口头表扬：表扬不但被认为是当今企业中最有效的激励办法，事实上这也是企业团队中一种有效的沟通方法。日本松下集团很注意表扬人，创始人松下幸之助如果当面碰上进步快或表现好的员工，他会立即给予口头表扬；如果不在现场，松下还会亲自打电话表扬下属。

案例点评：

从表面上来看，沟通是一件简单的事，每天每个人都在进行着沟通。而且沟通的技巧谁都能说出一二，但是，如何处理好沟通问题又是个难题。开始的时候要沟通，遇到问题要沟通，解决问题时也要沟通，有矛盾时更要沟通。总结各个企业的沟通技巧，有几个共同点：就事论事、不发命令、不自我防卫、肯定别人的独特品格、多往好的方向看，沟通建立在信任、平等、相容的基础上。

案例四　潜　水　艇

美国有一家大百货公司门口的广告牌上写着："无货不备，如有缺货，愿罚十万。"一个法国人看到后，觉得这是不可能的事情，心里想：十万块马上就能唾手可得了。

于是他找到经理，对经理说："潜水艇在什么地方？"经理领他到大楼的18层，当真有一艘潜水艇。

法国人又说："我还要看看飞船。"经理又领他到10层，果然有一艘飞船。

法国人不肯罢休，又问道："可有肚脐眼生在脚下面的人？"他以为这一问，经理一定被难住，经理也的确抓耳挠腮，无言以对。这时，一直跟随在旁边的一位店员字正腔圆地答道："我做个倒立给这位客人看看！"

案例点评：

其实，案例中反映出的是在压力面前表现出来的一种创造性思维。在生活中，我们还是习惯于用常规思维来看问题，总会带着自己的想法和看法，或者说是一种眼光，一个预先铺设的背景来解决问题。所以，一点情况变化就会产生压力。案例告诉我们，在压力面前要冷静，要大胆创新，能够运用创造性思维来解决问题。

案例五　圣诞节之夜

那是一个圣诞节，一个美国男人为了和家人团聚，兴冲冲从异地乘飞机往家赶。一路上幻想着团聚的喜悦情景。恰恰老天变脸，这架飞机在空中遭遇猛烈的暴风雨，飞机脱离航线，上下左右颠簸，随时随地都有坠毁的可能，空姐也脸色煞白，惊恐万状地嘱咐乘客写好遗嘱放进一个特制的口袋。这时，飞机上所有人都在祈祷，也就是在这万分危急的时刻，飞机在驾驶员的冷静驾驶下终于平安着陆，于是大家都松了口气。

这个美国男人回到家后异常兴奋，不停地向妻子描述飞机上遇到的险情，并且满屋子转着、叫着、喊着……然而，他的妻子正和孩子兴致勃勃地分享着节日的愉悦，对他经历的惊险没有丝毫兴趣，男人叫喊了一阵，却发现没有人听他倾诉，他死里逃生的巨大喜悦与被冷落的心情形成强烈的反差，在他妻子去准备蛋糕的时候，这个美国男人却爬到阁楼上，用上吊这种古老的方式结束了从险情中捡回的宝贵生命。

案例点评：

人与人之间的交流需要倾听。当你在倾诉时却发现无人在倾听,这种痛苦无疑是很大的打击。一个善于倾听的人在他人眼中是一个很健谈的人,夫妻之间、亲朋好友之间更是这样了。懂得倾听,不仅是关爱、理解,更是调节双方关系的润滑剂,每个人在烦恼和喜悦后都有一份渴望,那就是对人倾诉,他希望倾听者能给予理解与赞同,然而那位美国男人的妻子没有做到,所以导致了悲剧的产生。

案例六　被　拒　绝

王丹出生于南方一个城市,在南方上学,毕业后留在了深圳。虽然她刚参加工作一年多,做的是保险业务员,但她的心态一直很好,工作业绩也非常突出,一年中的绩效已超过那些拥有三年工作经验的老业务员的工作绩效。许多同事向她请教成功的秘诀,她总是摇摇头说:"没有什么啦!"

"难道在你销售保险的过程中,没有遇到过类似'被拒绝'这样的挫折?"一位同事忍不住问。王丹很肯定地回答说:"我从来都没有碰到过被拒绝的情况。"同事们非常诧异,"被拒绝"几乎是每个保险业务员必须经历到的难题,所以他们怎么也不能相信她说的话。

王丹解释说:"当顾客不买我保单的时候,这并不叫'被拒绝',只是顾客'不了解'我这个产品而已。所以下一次看到这个顾客时,我就继续让他了解,如果他还不买,也没有关系,只是代表他还是不了解。所以我还会继续去拜访他,让他再多了解。"

(资料来源:极速信息港 http://www.7su.com)

案例点评:

"没有'被拒绝',只有'不了解'。"这是对同一个事件从不同侧面的一个理解,但是,却能够从根本上扭转对一个事物的看法,同时带给人截然不同的感受,这种心理暗示又会积极指引行为的方向,使事件的结果发生变化。卓别林说过一句耐人寻味的话:"和拉提琴或弹钢琴相似,思考也是需要每天练习的。"因此,面对压力时,我们可以运用心理上的"自我调解",并有意识地进行培养。

 # 项目体验

体验一　说话也有温度

人际交往中,如何说话是件很重要的事情。小心说话而且"说好话",往往会给你带来良好的人际关系。所以,话说出口之前先思考一下,不要莽莽撞撞地脱口而出。事情再怎么急迫,也要清楚地让大家知道问题以及来龙去脉,但往往是越急越说不清楚,反而耽误了时间。你用一天的时间好好思考怎么跟他人说话,并修饰自己的语言,看看会带来什么变化?如果能坚持这样做,便难能可贵了。

急事,慢慢地说;

大事,清楚地说;

小事,幽默地说;

没把握的事，谨慎地说；

没发生的事，不要胡说；

做不到的事，别乱说；

伤害人的事，不能说；

讨厌的事，对事不对人地说；

开心的事，看场合说；

伤心的事，不要见人就说；

别人的事，小心地说；

自己的事，听听自己的心怎么说；

现在的事，做了再说；

未来的事，未来再说。

体验二　发现美丽

仔细看图 7-1 所示的图片 3 秒钟，你看到的是什么？

图 7-1　骷髅和少女

再仔细看图片，细心发现，你又看到了什么？

你第一次看到的是什么？如果你永远没有第二次机会，你会一直认为是什么？

在生活中，你有没有遇到困境和压力的时候？其实压力和困境就像这幅画，如果你被吓倒而不敢去面对，就失去了看到少女的机会，失去了寻找解压方法的机会，无法体验柳暗花明的喜悦。

你从这个项目体验中，获得哪些启示或收获？

_____

_____

_____

_____

体验三　腹式呼吸,自我放松

腹式呼吸具有舒缓紧张、安神益智等好处,克服焦虑和负面情绪。学着练习吧!

身体放松,背部挺直,放松肩膀和胸部,把意识集中在腹部。

想象你的丹田(肚脐下三根手指头的位置)里,有一个假想中的小气囊。

用鼻子吸气,吸满气息,想象你把吸进去的空气一路从胸部、腹部送下来,一直送到小气囊里。

感受你的小腹会微微凸出。但不要过度用力,造成不必要的紧张。

再深深地吐气,把小气囊里的空气,全部由鼻子呼出。

开始练习时,也许会不习惯这种呼吸方式,只要有意识地控制,经过一段时间就慢慢掌握了技巧,就会习惯成自然,成为自我放松和调节的方法。

体验四　解压做做看

下面提供一些减少压力的方法,不妨结合自身实际做做看。你也可以找同学共同交流,看看大家都有些什么好方法。

(1)当面对繁重压力时,打盹。打盹被认为是减少和预防压力最有效的方法之一。

(2)服从你的情绪,如果你感到愤怒、厌烦或困惑,承认你的感觉。压抑你的情绪会使你压力增加。

(3)从压力情境中暂时抽离,短暂地休息一下,做一些小而有建设性的事情,如洗车、倒垃圾或理发。

(4)做一次全身按摩,因为它能放松你紧张的肌肉,改善你的血液循环,使你平静下来。

(5)请同学、老师或朋友帮助你处理令人倍感压力的任务。

(6)高强度地集中注意力于阅读、上网、运动或某个消遣上。和通常以为的相反,集中注意力是减少压力的关键。

(7)在家里某个安静的角落,每天都花一点时间什么都不干。

(8)从日常工作中抽一天消遣。

(9)完成一件你已经开始的事情,不管多小。完成任何事情几乎都能减少某些压力。

(10)停下来闻一闻花香,和小孩儿或老人交朋友,或者逗逗猫、狗。

(11)努力把工作做好,但不是非要做得完美。

(12)动手完成一件令人愉快的任务。

(13)拥抱你喜欢的人,而且你知道这个人也会拥抱你。

(14)像木偶一样站着,让你的双臂在两侧放松地摇摆。晃动你的双手,然后晃动你的双臂,接着坐下,然后让你的双腿重复上面的动作。

(15)找一些好笑的事情——卡通、电影、电视节目、笑话网页甚至是你自己。

(16)尽量减少含咖啡因或酒精的饮料,用果汁和水代替。选择一份水果而不是一罐啤酒。

体验五　告诉别人好消息

不同的沟通方式所产生的效果也是不一样的,请仔细学习表 7-7 中所列的几种沟通方式的特点、区别。如果你比赛得了第一名,你要告诉你的父母、导师、高中要好的同学,你会采取哪些方式呢?

父母:

导师:

高中同学:

表 7-7　沟通方式对比表

沟通方式	举　例	优　点	缺　点
口头	交谈、讲座、讨论会、电话	快速传递、快速反馈、信息量很大	传递中经过层次愈多,信息失真愈严重、核实越困难
书面	报告、备忘录、信件、内部期刊、布告	持久、有形、可以核实	效率低、缺乏反馈
非语言	声、光信号、体态、语调	信息意义十分明确,内涵丰富,含义隐含灵活	传递距离有限,界限模糊,只能意会不能言传
电子媒介	传真、闭路电视、计算机网络、电子邮件	快速传递、信息容量大,一份信息可同时传递给多人,廉价	单向传递,电子邮件可以交流,但看不见表情

体验六　通过好好说话来解压

任务一:我刚刚失去工作,不敢告诉自己的爱人,她工作压力大,我不想让她知道。每天早上照常起来假装上班,但内心压力非常大,觉得找一个工作太难了,我不知道还能撑多久。

如果你是这个人的朋友,你会怎么跟他说呢? 请选择。

(1) 你要想开些,面包会有的,一切都会有的。

(2) 你太悲观了,我当年比你惨多了,失业两年才找到工作。

(3) 你可以告诉她,两个人共同想一些办法。

（4）你不敢把失业的事情告诉爱人,怕她担心,增加她的压力,可你也承受着很大压力,不知自己能否撑下去。

问题一:你认为哪句是有效沟通的语言?

_____

_____

问题二:以下这样的情景,你会怎么说?

我这个病可能永远好不了,活着是害大家,我真想一死了之。

_____

_____

任务二:"五一"大家都有出游的打算,小丽也想去另外一个城市看同学。她一大早就去火车站排队买票,可惜队伍很长,而且排在后面的人也越来越多。等了大半天,终于快轮到小丽了。可是这个时候有人跑到前面插队。这个时候,如果你就是小丽,你会怎么做?

（1）很气愤,但是也没办法,就当做没看见吧,只能继续多等一会儿。

（2）用攻击性的语气责骂对方不该插队,或者直接用身体把对方挤出去。

（3）很生气,但又不敢和插队的人说话,所以回头跟别人抱怨这个人的不是。

（4）很平静地跟插队的人讲清楚事实和自己的感受:对不起,大家都很着急,我们比你先来,请到后面去排队。

你会选择哪种做法? 为什么?

_____

_____

_____

_____

人际沟通中,要学会自我肯定,同时也要学会拒绝做你不愿意做的事情,拒绝别人的不合理要求。这是每个人的权利,敢于拒绝是敢于自我肯定的行为表现。

 心灵小语

- 交朋友的唯一方法就是你自己首先要够朋友。
- 让他人感到自己重要,而且要真诚而为。
- 严于律己,宽以待人。

实训日志

项目 7　实训日志如表 7-8 所示。

表 7-8　实训日志

日期		天气	

主要实训内容：

体会与感想：

努力方向：

U NIT EIGHT

项目8

解决问题能力训练
——团队会议

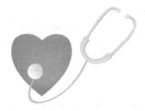

实训目标

◇ 通过本项目的实训,锻炼学生的策划能力、组织能力、表达能力和自信心。
◇ 有效利用团队会议的形式,提高团队解决问题的能力。
◇ 加强团队的沟通,增强团队凝聚力,提高团队的士气。
◇ 掌握团队会议的实施过程。
◇ 能组织召开一次团次会议。

项目描述

针对新客户拜访环节出现的问题,如怎样寻找有效客户、如何快速见到主管、如何促成签字等问题,组织召开一次团队会议。每个团队自行拟订会议主题。会议时间为 45 分钟左右。

实施步骤

步骤一　会 议 准 备

(1) 会议主题。根据团队工作中出现的问题,大家通过讨论,提出改进措施,以便更好地决策。会议主题可以征集团队成员的意见,也可以在团队之间的互相交流后形成。

(2) 提前将会议议程发到每位成员手中,以做好准备,如表 8-1 所示。

(3) 角色分工。分配主持人、记录员、时间控制人等。

(4) 根据议题准备好个人发言稿件,如表 8-2 所示。

(5) 会场布置。摆放好桌椅、桌牌等;可根据情况适当准备绿色植物等来烘托氛围;检查灯光、音响等;可以准备一个钟表,放在显眼的位置。

(6) 照相机、计算机等会议设备的准备。

表 8-1　会议议程表

会议主题:	
会议日期:	会议地点:
开始时间:	结束时间:
会议议题:	
(一)＿＿＿＿＿＿＿＿＿＿＿＿＿＿＿＿＿＿＿＿＿＿＿＿＿＿＿＿	
＿＿＿＿＿＿＿＿＿＿＿＿＿＿＿＿＿＿＿＿＿＿(时间:　)	
(二)＿＿＿＿＿＿＿＿＿＿＿＿＿＿＿＿＿＿＿＿＿＿＿＿＿＿＿＿	

_____（时间：　　）

（三）_____

_____（时间：　　）

（四）_____

_____（时间：　　）

（五）_____

_____（时间：　　）

表 8-2　个人发言整理稿

关于议题（一），我的看法:_____

_____

_____

关于议题（二），我的看法:_____

_____

关于议题（三），我的看法:_____

_____

关于议题（四），我的看法:_____

_____

关于议题（五），我的看法:_____

_____

步骤二　会议过程

（1）准时开会。

（2）宣布会议规则:积极参与会议;每个人都要发言;不跑题,不闲谈;倾听与表达同样重要;寻求解决办法;关闭手机或调为会议模式(可以根据各团队情况拟订)。

（3）主持人宣布会议的议题。

（4）会议控制:鼓励大家发言;对出现问题提出改进方法;不用"我"或者"我们"作为主语,最好是就问题本身来讨论;对问题讨论时间或个人发言时间进行适当控制。

（5）做好会议记录和总结。记录表如表 8-3 所示。

（6）提交会议记录和相关影像资料。

表 8-3　会议记录

会议主题:	
会议日期:	会议地点:
开始时间:	结束时间:
会议主持人:	会议记录人:
与会人员:	

讨论过程(发言记录):

结果与处理:

需进一步沟通与协调事项：

会议缺失与检讨：

步骤三 会 议 总 结

　　各团队选择代表对会议进行总结，每队5分钟。然后，教师对会议进行评价。最后，完成本项目的考核工作，评选优秀团队和优秀队员，详情如表8-4和表8-5所示。

　　（1）本项目考核根据相关标准，评出20％的优秀团队，每个团队评出一个优秀队员，给予奖励。

　　（2）优秀团队评选按表8-4进行。

　　（3）优秀队员评选根据表8-5的评分细则，可以自荐，并根据团队成员投票产生，也可推选产生。

表 8-4　优秀团队考核表

考核项目	评价指标	分值	得　　分
会议准备 （20分）	1. 主题明确	5	
	2. 分工明确	5	
	3. 会场整齐	5	
	4. 设备准备充分	5	
会议过程 （50分）	1. 准时开始：无迟到、不拖沓	5	
	2. 每位同学参与讨论：不落单、不回避	10	
	3. 气氛活泼，积极踊跃：不冷场、不开小差	10	
	4. 主题明确：不跑题、不说空话	10	
	5. 总结发言：简短、突出重点	10	
	6. 准时结束：不拖延、分配时间得当	5	
会议资料 （30分）	1. 记录本：完整、详细、字迹清楚	10	
	2. 个人资料：每位同学的准备或记录稿	5	
	3. 会议照片：会场讨论或合影	5	
	4. 上交会议分析：条理清晰、重点突出	10	
总　　分		100	

表 8-5　优秀队员考核表

考核项目	考核指标	分数	得　　分
团队贡献 （50分）	1. 积极参与会议的准备工作，成绩突出	12	
	2. 积极参与会议的讨论工作，成绩突出	12	
	3. 积极参与会议的资料整理工作，成绩突出	13	
	4. 对整个会议问题解决提供卓有成效的建议	13	
个人素质 （50分）	1. 良好的组织策划能力	10	
	2. 良好的协调沟通能力	10	
	3. 良好的语言表达能力	10	
	4. 良好的文字处理能力	10	
	5. 得到团队肯定	10	
总　　分		100	

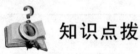 知识点拨

一、团队会议

　　会议是人们为了达到一定目的，聚在一起相互交流思想或规划行动的一种活动，是组织沟通情况、联络感情、统一思想、明确工作、讨论问题的重要手段。据相关资料统计，在英国每天大约有 400 万个小时被用于团队的会议，在美国平均每天要举行 1100 次的团队会议。《哈佛商业评论》通过调查后发现，每个主管每天用于正式会议的时间达到了 3.5 个小时，用于非正式会议的时间大约是 1 小时。

　　为什么这么重视团队会议呢？团队会议给企业带来的好处有：一是在于团队会议是一种群体决策会议，可以避免结论的片面性；二是通过会议让大家面对面地沟通和交流，可以

弥合工作中的一些裂痕;三是会议能够让与会者参与决策,更容易执行会议所定的目标与任务;四是团队会议也是一种有效的培训,是进行信息交流和培训的很好方式。但是,如何召开一个有效的团队会议呢?

1. 有效会议的几个特征

(1) 召开活跃、有趣的会议。

(2) 汲取所有团队成员的意见。

(3) 快速地解决实际问题。

(4) 将形式主义控制在最小限度。

(5) 把大家持不同意见的问题拿出来讨论。

2. 团队会议避免五种不良倾向

(1) 不守时。一旦人没有到齐,会议就会延长时间,影响的就不是一个人的时间。

(2) 不负责。大家都是作为收音机来参加会议,你说什么我听什么,不参与讨论,也不对议题最终结果负责,这样的会议,成果也不会显著。

(3) 议而不决。大家讨论归讨论,每个人都有自己的想法,但最后就是没有一个决断,没有形成确定的方式和方法。

(4) 不投入。指的是开会时精力不投入,在执行中也不投入。

(5) 不执行。会议开完了,但轮到部门去做时,并没有主动完成。

3. 有效组织会议

要充分利用以下 4 个角色。

(1) 会议主席

会议主席也叫会议的主持人。主持人的主要职责有:会议前的准备,包括资料的准备等;宣布会议准时开始,他是首先发言的人;提出会议的议题;总结会议,通过这个会议达成了什么共识,哪几位去执行;追踪会议的结果,是否按会议中所订立的要求去完成。

 知识拓展

会议主持人的素质

1. 思维清晰敏锐

尽管主持人没有必要成为参加会议的人群中思考最清晰敏锐者,但他若想获得与会者的尊敬,他的思考至少应比大多数的与会者更加清晰敏锐。只要主持人能在会议之前多做准备,则他的思考能力一定可以大大提高。

2. 善于言词表达

主持人对语言应具有高度的掌握能力,以便将自己的思想观念准确、无误地表达出来。他必须能够以语言推动讨论、疏导与会者的思维方向,以及在会议的各个阶段总结所取得的成果。

3. 良好的分析能力

主持人必须懂得如何澄清问题,透视问题的每一个层面,指出每一种见解的利弊得失,以及分辨事情的轻重缓急。

4. 抱着对事不对人的态度

主持人必须使每一位与会者的意见都能得到其他与会者的关注。即使主持人本人对某些与会者的某些观点有所偏爱或厌恶,他都不应以他的个人好恶影响他对事情的判断。当他想提出个人观点时,他必须告诉与会者他是站在个人立场发言,而并非以主持人的身份说话。

5. 公正

主持人在会议中绝对不应有袒护的行为,因为一旦他有这种行为,不但会阻碍进一步的讨论,而且将使与会者(甚至包括被袒护者在内)对他失去信心。

6. 耐性

有些与会者在发表意见时往往词不达意,另一些与会者则可能在群众面前因感到胆怯而回避发言。面对这一类的与会者,主持人应主动提供协助与鼓励,要做到这一点,主持人需要具有高度的耐性。

7. 能灵活地应付"挑刺"人物

与会者之中,难免会有少数"挑刺"人物存在,诸如有高度偏见者、喜爱垄断发言者、火气特别大者等。主持人必须能够在不冒犯他们的前提下,有效地对付他们。

8. 沉着并自我约束

为了激励与会者信心,主持人除了应表现热诚与果敢的态度之外,还须保持沉着坚定,并自我约束。他应避免在幕前过度地暴露自己,比如不应放任地发表自己的意见、垄断发言或理论说教等。

9. 具有幽默感

幽默感对消除紧张气氛,以及令会议顺利进行具有很大的作用。主持人在运用时应特别注意避免轻浮或浅薄的话语。

(2)空中调度员

空中调度员能敏锐观察到谁先举手,谁先发言,他的主要角色是维持秩序。

空中调度员的职责:控制整个会场的秩序,如谁先发言等;确定紧扣议题进行讨论,不要让一些人偏题;指定发言人;会议快结束时,总结会议的优点和缺点。空中调度员有两项重要职责,一是"停车场"的职责。空中调度员需要把会场中临时出现的一些事情记录下来,把相关议题但不是这个会议要讨论的,写在"停车场"上,如果"机动"时间足够,就在"机动"时间中讨论,如果不够可以在下次会议中讨论。二是"意见箱"的职责。当有人提出如何把会开好的想法时,把它作为意见写在另一张白纸上。

(3)时间控制员

时间控制员的角色是对会议的时间进行控制:几点开始,几点休息,几点继续,发言超时怎么办,需要延长会议时间怎么办。

时间控制员的责任:使会议准时开始,准时结束;提醒发言人发言的时间;调整整个会议进度;安排休息时间,提升会议效率。

（4）会议的记录员

记录人员应该准确地把会议中的一些要点完整记录下来，这是后面行动的基础或依据。

记录人员的职责：准确记录会议要点，不能有差错；发放会议纪要，发放前要让主持人阅读签发；确认执行人、完成时间，以及在哪里找到资源；在主持人右手落座。

在会议人数不多的情形下，会议中的4个角色可以兼任。会议主持人可以兼任时间控制和空中调度这两个角色。

4. 有利排除会议执行过程中的干扰

这些干扰有以下一些情况。

（1）从事交易活动。

（2）受外界的干扰。

（3）与会者发言离题。

（4）主席出题太难。

（5）让没有必要留在会场的人员留在会场。

（6）犹豫不决。

（7）资料准备不充分却贸然决策。

（8）少数人垄断会议。

（9）与会者之间的争论。

（10）与会者之间交头接耳。

（11）视听器材发生故障。

（12）与会者不表明真正的感受或意见。

（13）与会者与主席的争论。

（14）与会者欠缺热心。

（15）会议超出预定时间。

（16）主席未能总结会议成果。

5. 对会议后工作进行追踪控制

应避免以下行动。

（1）欠缺会议记录。

（2）不能对决议事项进行追踪。

（3）不能对会议成败得失进行检讨。

（4）不能及时解散已实现任务的临时性委员会或工作小组。

（资料来源：互动百科 http://www.hudong.com）

二、晨会

晨会最早来源于日本，是指利用上班前的5～10分钟时间，全体员工集合一起，互相问候，从而使信息上传下达和安排工作的一种管理方式，广泛应用于零售业、寿险行业、教育教学、医学等领域。晨会主要是"总结昨天，明确今天，要求明天"。

1. 晨会的作用

晨会用简短精悍的形式来解决管理中出现的问题,其主要优点有以下几点。

一是工作指导、信息交流的场所,提高工作布置效率。

二是提高管理人员的思维概括能力,用精练语言表达信息。

三是体现"预则立,不预则废"的时刻准备意识。

四是激励自信心、提高表达技巧。

五是利于团队精神建设。

六是养成遵守规定的习惯。

2. 晨会的步骤

晨会的策划、内容、原则、模式必须围绕业绩、心态、技能、理念这一主线开展。所以,晨会的具体内容可以有多种变化,常规的晨会主要包括以下几个步骤。

问好:主持人简短自我介绍,向大家问好。

唱歌:歌曲播放,共同歌唱企业歌曲,营造健康向上、爱岗敬业的积极氛围,是企业行为识别系统的一部分。

司训:共同朗诵公司的企业理念,是企业理念识别系统的一部分。

晨操:做企业广播操,选用一些有鼓舞、激励作用的歌曲并编排一些简单程序的韵律操,用以舒展筋骨,驱除睡意,活跃晨会气氛,提高员工的参与感和投入程度。

成功拜读:阅读成功故事或哲理故事,获得体会和感悟。可以介绍成功的一个人或成功的一件事,共同思考人生。

喜讯发布:报道企业里发生的正面消息,鼓舞成员,使每个人取得的成绩得到集体的认可,自身价值得到充分体现,从而达到激励与鼓励的目的。这是业务推动的一部分。

领导讲话:任务布置、传授专业技巧等,每日晨会可以讲授一个小专题,也可以是业绩公布、业务分析、业务知识、开展业务技巧和互动共享,灵活设置项目。

结束:用激励语言结束会议。

3. 开好晨会的注意点

要开好晨会需要注意以下几个问题。

第一,确定主题内容和时间。开会的目的是为了解决问题,所以事先要准备好会议的中心内容,除上级统一布置的晨会内容外,也可以根据出现的问题自主召开晨会。晨会的相关主题和具体内容要提前一天,甚至提前几天做好准备。同时确定会议时间,一般控制在 30 分钟左右,主持人提前 5 分钟到达。

第二,选择晨会形式。晨会的形式有很多,可以是小品文的朗读、专题演讲、电视教学、即兴演讲等。晨会采用灌输的形式,还是重在互动,怎么开始,过程如何更有逻辑性和实效性,怎样结尾等,都应该有一个"策划"的意识。不过内容决定形式,形式服从内容,一切从效果出发。

第三,要注意语言表达。注意自身的形象,语言的选择,这样可以起到更好的效果。如吐词清晰、流利、准确,精神饱满、富有激情,略带一些身体语言等。

第四,要注重学习和积累。开晨会要做到"既专又广、厚积薄发"。要体现管理中的专业知识,不说外行话,又要广博的知识,从细微处见道理,古今中外、天文地理都要懂一点,这样才能做到底气足、底蕴扎实,游刃有余。

三、团队会议中解决问题的能力

召开团队会议是解决团队问题的一种方法,如何成为一位独立工作或是在团队工作中更有效率更富有创造性的问题解决者,需要对决策进行学习。

1. 什么是解决问题

解决问题就是指问题解决者通过思维重新组织若干已知的概念和规则,形成新的答案,即超越所学规则的简单应用,形成新的高级规则的过程。如"跳一跳,摘桃子",通过自己的努力,自主获得新的知识。我们每天所做的工作都是分析问题、解决问题。所以,我们解决问题的关键是弄清楚问题是如何产生的,为什么会存在该问题,问题的根源是什么?否则解决方法都是一种应急方法,是治标不治本的方法。

2. 解决问题的步骤

(1) 觉察问题。要意识到问题的存在。

(2) 界定问题。有时问题的存在并不像它所呈现的表象那样,需要更深地挖掘。

(3) 寻找创新方法。一旦策略形成后,就要把有用的信息组织起来以实现这个策略,找到一条最好途径来实现这个策略。成功的决策者有能力想出许多不同的解决问题的办法。

(4) 过程监控。在一开始的时候问题解决者就应进行监控,即检查自己正在做的事是否一步步地接近目标。监控能使你及时发现错误,有时错误一开始就有,有时中途出现,无论哪一种情况都要对自己的行为加以调整。

(5) 评估选择。在解决问题的过程中还要对答案进行评估。评估有时要马上进行,有时可稍晚些或很久后进行。通过评估,可能发现新问题,也可能对原先的问题进行重新定义,可能会形成新的策略,发现新的资源,或对已有资源的利用更充分。

3. 影响问题解决的因素

一是问题的本身,它涉及三个方面,分别是问题的呈现方式、问题的具体性、问题中提供信息的多少。过多的信息会扰乱正确思维线索,信息太少又不足以提供寻求解题的线索。

二是个人因素,包括反应定式、智慧水平、认知特性、个性特征等内容。如个人的动机、气质和人格特征都与解决问题的智力活动有密切的关系。解决问题过程中智力活动的顺利进行,一定要有优秀的个性特征做保证。

一个五金店的老板要招聘一个新伙计,有三个年轻人进入最后的竞争。他们要完成的任务是:送新款的螺丝钉给住在枫树大街314号的亨德森先生。

没过多久,一个年轻人就打电话回来,说没有314号的门牌,肯定是记错了,而且那地方也没有那户人家。又过了一会儿,第二位年轻人说,枫树大街314号是一家殡仪馆,亨德森先生以前居住的是314-1-2号,不过现在不知搬哪里去了。第三个年轻人花了好长时间才回来,他经过一番努力,打听到了亨德森先生现在的住处并赶了过去,不过亨德森先生并不记得是否订购过这些螺丝,但是当年轻人介绍完这些螺丝的独特功能和实惠价格后,他当场购买并付钱。三个人面临同样一个问题,但是不同人解决的方式却不同,效果也大不一样。

一个有远大理想、富于自信、有创新意识、勤奋、乐观、勇敢、顽强、坚忍、果断、勇于进取和探索的人,能克服困难去解决许多疑难问题。解决问题应被看做是整个人的统一活动的结果。

4. 创造性地解决问题

创造性是指个人能产生独特、创新的个性特征或倾向。创造性思维指的是人们在创造性活动过程中所进行的高度灵活、新颖独特的思维方式。在工作和生活中,如何培养创造性思考能力,带来新的解决问题的方法,可以从以下方面考虑。

一是专注于手头的工作,排除干扰。一个能够解决问题的人首先是能够迅速确定解决问题的目标并能够集中精力关注目标的人。有的人一天做很多事情,整天忙得焦头烂额,但效果却极差,因为目标分散,不够专注。所有可以提高创造力的方法都需要集中精神。

二是克服传统思维定式,勇于幻想,勇于挑战现状。幻想不仅能引导我们发现新的事物,而且还能激发我们做出新的努力和探索,去进行创造性劳动。

三是训练自己横向思考,寻找一个问题的多种解决方法。比如思考"砖头有多少种用途?"可以得出各式各样的答案:造房子、砌院墙、铺路、刹住停在斜坡的车辆、作锤子、压纸头、代尺画线、垫东西、搏斗的武器等。突破问题的结构范围,从其他领域的事物、事实中得到启示,产生新设想。

四是进行头脑风暴,共同思考,利用思维连锁反应,尽可能多地提出解决问题的创意。

五是加强学习的独立性,培养强烈的求知欲。积极的创造性思维往往是在人们感到"惊奇"时,在情感上燃起对这个问题追根究底的强烈探索兴趣时开始的。

案例链接

案例一 一份会议策划简介

本公司策划以下会议:各科研机构、机关、学校、各培训中心的学术研讨会、笔会、论文发布会、各类培训班、企业业务洽谈会、订货会、新产品推广会、集团公司董事会、经销商会议、奖评会、客户联谊会、行业研讨会等各类型会议等。

具体策划内容包括以下各方面。

(1)提供多家大酒店由您选择,价格优惠。

(2)会场(或分会场)的选择和预定,会场的设计和布置(会场内外气氛的渲染和烘托,横幅、旗帜彩球、拱门、主席台、桌签、签到台等)以及各种设备的摆放。

(3)材料和证件的印制,会议手册和参会人员通讯录的设计制作,请柬、胸卡、餐券的印制。

（4）礼品策划、设计、样品提供和制作。

（5）设备：会议设备、办公设备、视频设备及多媒体、音频设备、灯光设备。

（6）翻译：各类外语语种的口译、笔译服务。

（7）媒体支持，协助联系媒体、邀请记者。

（8）提供会议所需各类信息。

（9）协助招徕参会人员，协助寻求赞助单位和邀请本地嘉宾。

（10）礼宾接待，会议事务及其他秘书服务，现场接待，礼宾礼仪，招待酒会，会间茶憩，摄影录像，及 VCD 的制作等。

（11）提供西餐、中餐、自助餐、宴会等不同标准的菜单，根据要求进行调整，协助选择和推荐不同的用餐地点。

（12）接送车辆及各种豪华轿车、中巴车、大巴车的租用。

（13）公司专门为会议设计和安排了多条旅游路线，并根据参会人员的喜好，协助安排各种休闲活动。

（14）报到的同时有专人登记和办理返程票预定。

案例点评：

越来越多的公关公司、旅游服务公司推出了会议策划服务，他们凭借良好的会议接待条件、票务方面的优势、丰富的经验，使会议更加有条不紊、轻松便捷，受到了欢迎，也更丰富了会议的形式。

案例二　会议陈述技巧之三段式意见表达法

三段式意见表达方法可以有效地表达自己的意见，以便让其他与会成员接受。

（1）用简洁而肯定的说辞来表达意见。

（2）提出具体而充分的理由来证明意见的正确性。

（3）重复一下原先的观点。

示例：

第一步，"我建议将新产品上市的时间推迟 3 个月"。用简洁的说法表达观点。

第二步，说出原因。"第一，因为我们的新产品目前准备状况还不够充分；第二，我们需要利用这些推迟的时间来对所有的销售人员进行培训；第三，如果推迟两三个月，正好赶上产品销售的旺季，我相信能够增加我们的销售额，从一开始就形成市场份额的优势。"

第三步，复述你的观点："所以我建议新产品在 3 个月以后再推出"。

案例点评：

会议陈述的方法有很多，比如可以引用数字说明问题的精确性，可以运用名人名言精简概括表达的内容等。三段式意见表述方法采用"总—分—总"的形式，逻辑性强、重点突出，能让你的观点更加鲜明。

案例三　会议控制技巧

在进行团队会议的过程中总会出现一些意想不到的情形，主持人应该如何控制这些情形的发生？如针对少数人垄断会议，我们可以从以下几个方面进行灵活控制。

1. 原因分析

（1）多数人并不积极参与。

（2）少数人思考快速，善于表达，且对会议表现热忱。

（3）少数人好求表现。

2. 预防措施

（1）开会前鼓励所有与会者都要积极参与。

（2）如已知某人可能要垄断会议，则事先与他沟通并请他节制。

（3）报名发言或者是报名发问。

（4）要采取轮流发言的方式。

3. 补救措施

（1）巧妙地阻止。比如告诉垄断者："你的宝贵意见我们都已经听懂了，而且已经充分理解了你的意思，让我们也听听其他与会者是否有其他的看法，好不好？"

（2）指派工作给喜欢垄断会议的人去做，以分散他的精力。

（3）故意将视线避开垄断者，以免令他误以为主持人想听取他的意见。

（资料来源：章义伍. 如何召开高效的团队会议. 网络课程讲义）

案例点评：

案例针对会议出现的问题，提供了一个解决问题的思路。从原因着手，分析如何预防，再到实施补救措施。一是有效解决了会议中出现的问题；二是提供了一个解决问题的思维方法。

案例四　开会的目的是解决问题

开会不是为了开会而开会，开会不是一项任务，是科学管理的一种方法，也是管理的一个过程，开会是为了解决问题。

然而，如今各种传达会、电话会、现场会、座谈会、交流会、动员会、总结会、研讨会等，会议名目多得数不清。特别是碰上会期长、讲话多、效果差的情况，让会议浪费成为一种巨大的隐形浪费。怎样开高质量、高效率的会议？应当一切以解决问题为目标，每一次会议都努力追求形式与内容的统一，而不要把开会当做空表态、走程式或单纯造声势。

所以，首先明确开会的目的是在于解决问题、落实工作，研究哪些问题和矛盾还没有解决、该如何解决，从而出实招、办实事、图实效。其次，要提高效率和效果。不要讲究太多形式，不要浪费时间。要讲究质量，会前要精心做好准备。最后，要少开会，开短会，讲短话，突出重点，有话则长，无话则短，杜绝讲长话、讲套话。让大家把更多的时间和精力投入到实际工作中去。

案例点评：

确实，解决问题的方法有很多，开会只是解决问题的一种方法。但是，既然要开会，就要解决问题，让会议变得更有实效。所以，首先要确定是否有必要开会。决定开会后，开会前要做充分准备，会议中要有效控制会议，会议后更要抓落实。

项目体验

体验一　会议准备

　　小陈是刚毕业的大学生,在一个单位的宣传科实习,在工作的第一个星期,就接受了一个新任务:单位请了一名行业内知名专家进行讲课,要安排一个会议。

　　留给小陈的时间太短了,而且主管出差,所有的事物都要小陈来准备,何况小陈对单位还不是太了解。小陈积极询问了一下同事,结果是单位所有的会议都放在固定的会议室里,没法找到更好的地方。小陈泄气了,没有再去寻找其他办法。

　　到了开会那天,会议室太小了,椅子也不够,有些人在过道上站着,挡住了视线,空调无效,空气闷热,窗户和门都打开,外面的噪声进来了,不断有人进来,门开了又关,关了又开,不停有手机铃声响起。

　　如果你是小陈,你会做哪些准备?

_____

_____

_____

_____

_____

_____

_____

体验二　会议控制

如果会议出现了以下问题,应该如何解决? 提出自己的想法。

(1) 会议很冷清,大家都不说话,你看我,我看你。

　　解决办法:_____

_____

_____

_____

(2) 有个平时比较内向的学生,站起来提出了自己的想法,另一个同学说:"这个问题不用谈了,我们都知道了",并且很武断地打断了他的话。

　　解决办法:_____

_____

_____

_____

（3）大家开始讨论越来越热烈,从团队凝聚力开始谈到了《三国演义》、谈到了国际关系,这时,应该如何控制?

解决办法:＿＿＿＿＿＿＿＿＿＿＿＿＿＿＿＿＿＿＿＿＿＿＿＿

＿＿＿＿＿＿＿＿＿＿＿＿＿＿＿＿＿＿＿＿＿＿＿＿＿＿＿＿＿＿＿＿

＿＿＿＿＿＿＿＿＿＿＿＿＿＿＿＿＿＿＿＿＿＿＿＿＿＿＿＿＿＿＿＿

＿＿＿＿＿＿＿＿＿＿＿＿＿＿＿＿＿＿＿＿＿＿＿＿＿＿＿＿＿＿＿＿

（4）快到会议结束的时候,突然有同学谈到了关于优秀队员评比标准,并把会议拖延了 20 分钟,如何控制?

解决办法:＿＿＿＿＿＿＿＿＿＿＿＿＿＿＿＿＿＿＿＿＿＿＿＿＿＿

＿＿＿＿＿＿＿＿＿＿＿＿＿＿＿＿＿＿＿＿＿＿＿＿＿＿＿＿＿＿＿＿

＿＿＿＿＿＿＿＿＿＿＿＿＿＿＿＿＿＿＿＿＿＿＿＿＿＿＿＿＿＿＿＿

＿＿＿＿＿＿＿＿＿＿＿＿＿＿＿＿＿＿＿＿＿＿＿＿＿＿＿＿＿＿＿＿

体验三　组织召开一次晨会

晨会最重要的是分享,通过积极的方式表达自己的想法、感情和评论。在同学实训过程中,可以做个新闻发布的分享,培养学生主动获取、收集、加工、处理信息的能力;或是阅读心得的激励分享,激发学生学习的积极性,提高同学团体合作和协调一致的能力。

例1:在这个阳光明媚、生机盎然的早晨给亲爱的同仁们问声好:大家早上好。非常荣幸能给大家开这个晨会。

首先做一下自我介绍,我叫×××,希望大家能够记住我,在记住我的同时我愿意与大家成为生活当中最知心的朋友以及事业上最愉快的合作伙伴! 接下来的时间我给大家讲一个激励人心的小故事,希望同仁们听了后能够有所启发。故事的名字叫做 ×××(略)。

信念是一种无坚不摧的力量,当你坚信自己能成功时,你必能成功。谢谢,我的晨会到此结束!

例2:做到完美是我的人生态度。

我的儿子两岁半,现在的他有着非常良好的生活习惯、健壮的小体格、开朗乐观、坚强自立的性格,俨然一个小男子汉了。而且这么小的他已经能清晰流畅地唱很多中英文歌曲,能背诵十几首唐诗、诗歌了。我想,他便是我完美的作品,因为从知道他要来到这个世界的第一天起,我就开始用一种追求完美的态度对他了,没有经验,但大量学习了国内外优秀育儿书籍,在他身上遇到的每个问题,我都会认真查找原因、分析现状,直到找到最有效的解决问题的办法。或许,在儿子这个稚嫩的小生命来到这个世界的最初,我付出了太多辛苦,但看着他一天天健康快乐地长大,看到今天阶段性的小成就,却让我感到了深深的欣慰和自豪。

做到完美的态度同样深植于工作,大学毕业后在保险公司 8 年多的工作中有 7 年在做人管——这份至今我深深喜欢而且适合我的工作,我发现身边很多人管伙伴是和我一样的

A型血,追求完美的血型。来到大童,做完美的工作更是贯穿于我们四位人管工作伙伴的工作始终。

因为追求完美,我们实现了在泛华体系内第一家完全由系统成功计算佣金,在国内经代公司实现了划时代的变革。此项工作的完成在这里更要感谢运营部及艳珊总,还要遥远地感谢泛华IT及中科软对我们提供的大力支持。

因为追求完美,我们开发了34类大而全、研究深入而且支持长远的报表,为公司管理层掌握团队情况、做出经营决策提供了详细、深入、全面的队伍经营数据分析。

因为没有追求完美,保险公司也曾出现过一个程序语言缺少一个逗号导致多发出20万元佣金的情况。

因为没有追求完美,一次程序设计思想的不成熟,导致问题在队伍中爆发后,要推倒原程序一切重来,需要付出十几倍甚至几十倍的心血。

工作要求我们做到完美。

做到完美是态度和性格;

做到完美是品质和才干;

做到完美需要经验、智慧和用心;

做到完美是责任和信仰;

做到完美的路不轻松不平坦却充满成就感;

追求完美的我们很辛苦,很沉重却拥有美好的明天。

今天把我的人生态度与大家分享——做到完美。谢谢!

(资料来源:新浪博客 http://blog.sina.com.cn/)

请准备一份晨会讲稿。

主题:＿＿＿＿＿＿＿＿＿＿＿＿＿＿＿＿＿＿＿＿＿＿＿＿＿＿＿＿＿＿＿＿

内容:＿＿＿＿＿＿＿＿＿＿＿＿＿＿＿＿＿＿＿＿＿＿＿＿＿＿＿＿＿＿＿＿

＿＿

＿＿

＿＿

＿＿

＿＿

＿＿

＿＿

＿＿

心得:＿＿＿＿＿＿＿＿＿＿＿＿＿＿＿＿＿＿＿＿＿＿＿＿＿＿＿＿＿＿＿＿＿＿

＿＿

心灵小悟

● 我们的观念决定我们所看到的世界。

● 人人心中都有一股清泉，日常的烦乱生活，遮蔽了它的声音。

实训日志

项目 8　实训日志如表 8-6 所示。

表 8-6　实训日志

日期		天气	

主要实训内容：

体会与感想：

努力方向：

项目9

思考与决策能力训练
——成果整理

实训目标

◇ 通过对实训过程的资料整理,制作成果演示文稿,学会制作 PPT,提高职业技能水平。
◇ 学会正确思考,培养学生的思考力、分析力。
◇ 锻炼学生的文字组织能力和文字表达能力。
◇ 提高同学们成果的提炼能力。
◇ 学会用头脑风暴工作方法获得更多创意。
◇ 提高团队的决策能力。

项目描述

对实训资料进行整理,包括前面经历的 8 个项目和本项目内容,根据团队经历、成绩、感悟等资料进行整理,有效运用文字、照片、音响等媒介形象体现团队风采,展示自己团队的特色。要求制作成演示文稿,在下一个任务中进行展示。本环节的重点是分析、整理和制作。

实施步骤

步骤一 研究自己

要清楚自己的优势和劣势(如表 9-1 所示),不要沉迷在已经过去的实训成绩中,每一项任务都是一个新的开始,都要争取给自己加分的机会,直到最后都不放弃。在分析的基础上,现在需要做的是以下一些事情。

(1) 整理出有力的事实,需要资料佐证。
(2) 清晰表达出你的要点,要点不要太多。
(3) 概括出几个关键词,措辞要精辟,让人印象深刻。
(4) 不同模块间的衔接要生动、流畅。
(5) 妙趣横生的开头是取得成功的一半,准备一个优秀的开头。

表 9-1 研究自己

1. 我们团队有多少成员? 男女比例是多少?

2. 我们获得了怎样的成绩?

3. 我们的亮点在哪里？

4. 哪个项目中我们表现最突出？原因在哪里？

5. 哪个项目中我们表现最糟糕？为什么？

6. 我们团队的协作能力如何？凝聚力如何？

7. 我们发生过争执吗？如果有,是怎样解决的？

8. 我们团队分工如何？是否执行到位？

9. 每个人如何评价自己在团队中的作用？

10. 在团队活动中,记忆最深刻的事情是什么？

步骤二　研究听众

所有的同学都经历了相同的实训项目,你如果只是罗列内容,会造成很多的重复,所以需要研究听的对象。

(1) 他们是谁?他们知道了什么?他们还不知道什么?

(2) 他们想听什么?不想听什么?

(3) 他们关心什么?他们担忧什么?

(4) 他们会采取什么样的方式?

(5) 我们以什么样的方式能吸引他们的注意力?

步骤三　研究你的团队

每个团队都有团队自己的文化或风格,或严谨或幽默或热情或刻板,展示过程凸显你们的团队特色。现在需要做的是以下几项任务。

(1) 对团队人员分工。谁来组织文字?谁来操作计算机?谁是主讲?谁是辅助?谁来演示文稿?

(2) 对内容进行编排。如何与众不同?如何体现个性?是音乐?是背景?是图片?

(3) 对气氛进行制造。文稿是否有感染力?有没有包含感情的字词?能让自己感动吗?

(4) 对过程进行控制。出场顺序第几?如何出场?怎样结尾?时间如何安排?出场准备可参考表 9-2。

表 9-2　出场准备提示

序号	内　　容	出　场　准　备
1	引起好奇心	
2	讲一个有关,或有所指的故事	
3	带一个道具,介绍时高高举起	
4	提一个问题	
5	介绍一位相关的名人或要人	
6	引证一些事实	

注意:为了让每个团队成员充分发挥自己的积极性,做出应有的贡献。请组长对团队成员进行任务分配,每个团队成员努力做好本职工作,并加强团队协作。个人工作记录表如表 9-3 所示。

表 9-3　个人工作记录表

1. 在本项目中,我的工作是什么?

2. 我准备如何来开展工作?

3. 我与谁紧密配合?

4. 我的工作需要花多少时间? 我是怎样安排节奏的?

5. 我具体做了些什么?

6. 我遇到了什么困难? 是如何解决的?

7. 在本项目中,我最满意的是什么?

步骤四　研究工作方法

（1）要做好合理分工，任务落实到位，明确职责。

（2）要做好团队协调，对出现的不同意见要进行协商，不要任由矛盾发展。

（3）要做好时间的合理安排，充分准备，不要拖延时间，不要仓促完成。

（4）要充分利用工具。利用手机、相机、U盘、音响等，为完成工作提供便利。

（5）进行团队间的相互交流，吸收他们的优点，凸显自己的特色。不要与其他团队造成太多的重复。

步骤五　研究工作步骤

（1）拟写提纲，确定框架。不要急于去查资料，也不要急于去接触计算机，而是用笔在纸上写出提纲。

（2）不要用任何模板，按提纲一页一页制作出来。不要花费大量时间在找模板上，不要找一张做一张，会本末倒置。要清楚文稿展示中关键的是内容，而不是形式。

（3）有了整篇结构性的PPT，尽管底板是空白的，每页只有一个标题。但是，正是这样才能给你很大的整理资料的空间。

（4）看看PPT中的内容哪些是可以做成图的，如其中带有数字、流程、因果关系、趋势、时间、并列、顺序等内容的，考虑用图画的方式来表现。"能用图，不用表；能用表，不用字"。

（5）选用合适的母版。根据PPT内容呈现出的情绪选用不同的色彩搭配。可以用团队标志或口号制作统一的模板。

（6）在母版视图中调整标题、文字的大小和字体，以及合适的位置。

（7）根据母版的色调，将图进行美化，调整颜色、阴影、立体、线条，美化表格、突出文字等。

（8）预备放映。在放映时，让团队成员都来认真观看、阅读一遍，哪里不合适或不满意就调整一下，并修改错别字。

步骤六　总结与提升

（1）在规定时间内把完整的演示稿件上交，包括电子版和打印稿。

（2）完成本项目的考核工作，详情如表9-4所示。

表9-4　考核表

考核项目（分值小计）	评价指标	分值	得分
工作过程（30分）	1. 投入、决策快	10	
	2. 制作态度认真	10	
	3. 合理安排工作内容	5	
	4. 工作有节奏感	5	

考核项目(分值小计)	评价指标	分值	得分
工作方法(35分)	1. 有计划	5	
	2. 分工合理	5	
	3. 善于交流	10	
	4. 团队配合	10	
	5. 多媒体技术的应用	5	
工作成绩(35分)	1. 在规定时间内完成	10	
	2. PPT张数合理	5	
	3. 主题鲜明、内容充实	10	
	4. 形式完美	10	
总　分		100	

 # 知识点拨

一、比稿

1. 什么是比稿

比稿又称为提案,是公司争取客户和赢得新业务的重要手段,主要是指借助投影仪、计算机、屏幕、话筒等多媒体资源进行现场演说来展示成绩并回答客户疑问的一种商务活动,最终以说服客户、赢得项目为目的。在某种程度上讲,投标也是一种比稿的具体形式,但是,投标比稿的目的不仅仅是中标,而且是展现团队的魅力、综合实力,以及解决问题的能力。

比稿理念由海外传入中国,是企业寻找合作伙伴的一种重要方式,现在流行于广告界、公关界、营销领域、企业咨询管理等领域。比稿之所以备受欢迎,主要是其信息量大,融合书面表达和口头表达的优点,形象展示丰富内容和逻辑关系,具有很强的说服力。

2. 比稿大纲

其实比稿比的是独特的洞察力和观点、支持论点的严谨论证过程。其中比稿提案起到关键的作用。要做好比稿提案,首先要了解对方的需要、判断他们的兴趣,在调研的基础上,为完美解决某个问题而进行研究,最后生动地展现出来。一份完整的比稿大纲需要包括以下四个内容。

一是引人注意的开头,建立自己的可信性,体现你对问题的关注和热情。不要用"对不起,我来晚了"、"不好意思,时间匆促,我没来得及充分准备"。这些句子会削弱对方对你的信心。

二是陈述立场,其中需要有明确的目的和目标,找出问题和提供解决问题的方法。整个过程要严谨,但不乏味。要点清晰,可以适当重复要点。

三是提供证据,用资料和调查数据来论证。通过对证据的广泛收集、提炼和精心编排,让证据具有强大的说服力。证据要融入论述,而不是简单堆砌,一般一份证据配一个要点。证据可以通过扫描、录像、拍摄照片来提供,也可以用图片、图表、表格来呈现。

四是能给对方带来利益的结尾。利益就是未来的好处或有益的帮助。用总结的方式强调你的提案给对方带来的好处。利益点不要空洞,要明晰可见。利用心理学的"近音效应",让结尾给对方深刻印象。

3. 如何让比稿更生动

(1) 不要花长时间进行详尽阐述。

(2) 保持资料简单,减少复杂性。

(3) 采取多样化轮流交谈的方式,借助道具,从幻灯片到提案板。

(4) 删除计划书内冗长烦琐的说明内容。

二、头脑风暴法

1. 什么是头脑风暴

头脑风暴(Brain Storming)又称为集体思考法或智力激荡法,由美国创造学家 A. F. 奥斯本于 1939 年首次提出,原指精神病患者头脑中短时间出现的思维紊乱现象,病人会产生大量的胡思乱想。奥斯本借用这个概念来比喻思维高度活跃,打破常规的思维方式而产生大量创造性设想的状况。头脑风暴现在成为无限制的自由联想和讨论的代名词,其目的在于产生新观念或激发创新设想。

2. 头脑风暴的特点

头脑风暴是为特定主题集中注意力与思想进行创造性沟通的一种有效方式,为学术主题探讨或日常事务的解决提供了一种生动灵活的方法。它的特点是让参与者敞开思想,集体讨论,相互启发、相互激励、相互弥补知识缺陷,引起创造性设想的连锁反应,产生尽可能多的设想,使各种设想在相互碰撞中激起脑海的创造性。

3. 头脑风暴会议的原则

一是禁止批评和评论,会议上不许出现"这根本行不通"、"这想法太陈旧了"、"这是不可能的"等语句,创造一种自由的气氛,激发参加者提出各种荒诞的想法。

二是每人每次只提一个建议。

三是鼓励创造性。

四是追求数量。意见越多,产生好意见的可能性越大。

五是禁止私下交谈,以免打搅别人的思考。

六是鼓励巧妙改进或利用别人的设想,鼓励启发式的再造想象。

七是不强调个人成绩,以团队为主。

4. 头脑风暴法的主持人

头脑风暴法对主持人要求比较高。主持人应懂得各种创造性思维和方法,会前要向与会者重申会议应严守的原则和纪律,善于激发成员思考,使场面轻松活跃而又不失脑力激荡的规则。在轮流发言过程中,每轮每人简明扼要地说清楚一个创意设想,避免形成辩论会和发言不均;要以赏识激励的词句语气和微笑点头的行为语言,鼓励与会者多出设想,如说:"对,就是这样!""太棒了!""好主意! 这一点对开阔思路很有好处!"。同时禁止使用下面的话语:"这点别人已说过了!""实际情况会怎样呢?""请解释一下你的意思""这一点有用""我不赞赏那种观点"等,这样的语言会扼杀大家联想的积极性,得不到预期效果。

5. 头脑风暴法会后追踪

头脑风暴法会议不是集体讨论结束就大功告成。集体讨论结束后还要继续进行追踪,马上检查记录结果和开始对各种回应进行评价。检查这些回应记录的时候,有一些基本的要求包括:寻找任何重复或者相似的答案;将相似的概念聚集在一起;剔除明确不合适的回应;精简了记录清单以后,继续运用小组讨论的方式,讨论剩余的回应内容。

三、PPT 文稿制作技巧

PowerPoint 是制作和演示幻灯片的软件,它能够充分利用文字、图形、图像、声音以及视频剪辑等多媒体元素来进行展示,已经成为人们在演讲或报告中不可或缺的一种演示工具,现被广泛应用于专家报告、教师授课、产品演示、广告宣传等领域。但是在实际运用中,也存在一些问题,如形式大于内容,或是文稿制作差,沉闷等。

1. 存在误区

(1)把 PPT 当做发言稿。屏幕 PPT 上面的文字密密麻麻,听众被强迫去听去念这些文字,大量堆积的文字干扰和分散了听众对讲演者本人发言的注意力。

(2)内容被淹没。经常出现字体的颜色与背景的颜色混为一体,被背景融合或是"吃"掉了。背景太鲜亮也会让内容不突出。

(3)逻辑混乱。没有把前后内容很好地连贯起来,出现大小标题不一,无法反映前后的逻辑关系。

(4)模板千篇一律。大多数人设计使用 PPT 时选用标准的模板,以文字表达为主,人们在各种场合看到的 PPT 千篇一律,没有特色,不能够给听众留下深刻印象。

(5)只使用了 PPT 的极少功能。

2. 在文稿的整体设计上需要注意的问题

(1)辅助提示作用。PPT 帮助讲演者组织思路,引导讲授线索,突出讲解重点,保障演讲有序进行。

(2)提供直观视觉感受和体验。利用 PPT 将真实世界的图像展示在受众之前,将抽象的或模糊的理念转化成可视化图像给听众。

(3)丰富讲述事实和内容。利用 PPT 作为多媒体平台,组织丰富的视觉和听觉材料,讲述丰富动人的故事,或者列举大量的实证资料。

(4)逻辑分明。PPT 应具有清晰简明的逻辑主线,设计好开头和结尾,顺序播放,论点有层次,格式应该一致,能够发挥分析论证作用。

(5) 激发情绪和气氛。通过色彩、动画、音乐等元素的运用,使受众与讲演者之间产生情感互动。

(6) 简洁即美。幻灯片应该留有大量的空白空间,或实体周围的空间。不要被迫用妨碍理解的标识或其他不必要的图形或文本框来填充这些空白区域。幻灯片上的混乱越少,它提供的视觉信息就越直观。

每一张幻灯片突出一个主题,只写发言要点,将发言要点精炼成关键词,应该尽量字少图多。详细的内容可以写在备注里面,或者另外使用 Word 文稿提供辅助学习的讲义和阅读资料。要用好备注栏。

(7) 换位思考。字体要大,建议文字不要超过 5 行,每行最多 6 个字,最多 6 秒可以理解内容。同时色彩反差要鲜明。

如果将在暗室(如大厅)中进行演示,使用深色背景(深蓝、灰等)再配上白或浅色文字可取得不错的效果。但如果计划将灯打开,白色背景配上深色文字处理会得到更好的效果。在灯光明亮的房间内,用深色背景配浅色文字效果不佳,但浅色背景配深色文字会更好地维持视觉效果。

四、成果整理中的信息素养

每天我们都在接受大量的信息,如何获取信息已经成为现代竞争一个重要手段。高效的信息收集是一个现代职业人必备的众多开阔视野的工具之一,有效的高质量的信息往往可以给决策提供有效帮助。

信息素养(Information Literacy, IL)或称为信息能力、信息素质,是一种涵盖面较广的以获取、评估、利用信息为特征的传统与现代文化素养相结合的科学文化素养,是思想意识、文化积淀和心智能力、信息技术有机结合的一种综合能力。信息素养包括四个方面:信息意识、信息知识、信息技能和信息道德。

美国图书馆学会 ALA(American Library Association)认为:"具有信息素养的人必须能够弄清什么时候需要信息,并具有如何获取、评价和有效利用所需信息的能力。"如你具备了这样一种信息处理能力,那么,你就具备了一定程度的信息素养。这一概念得到学术界的普遍认可。

美国高校和研究图书馆协会 CRAL 特别工作组要求学生应具备信息素养的 6 项指标:确定所需信息的范围;有效地获取所需的信息;鉴别信息及其来源;将检出的信息融入自己的知识基础;有效地利用信息去完成一个具体的任务;了解利用信息所涉及的经济、法律和社会问题,合理、合法地获取和利用信息。

学习知识的过程也就是信息接受、运用的过程。只有具备这种信息获取、传输、分析、处理和应用能力的学生,才能够源源不断地学到知识,提高信息素养。所以,信息素养的核心在于终生学习。具体措施有以下几项。

1. 提高信息意识

信息技术的飞速发展改变着我们工作、学习和生活的环境。我们对信息的敏感要"广、准、新、精、全、快",能有效查找自己所需要的真正信息,并不断发展创新,与时俱进。

2. 多写多读多思考

具有较强信息意识和能够熟练运用现代信息技术手段的人,能将大量支离破碎的信息与数据进行归纳与综合,使之条理化,为己所用。所以要加强学习,随时随地在工作中寻找灵感,在工作之余要挤出时间来写作,学会思考,学会分析,只有厚积才能薄发。

3. 坚持

日常工作是最真实、最好的信息源,要坚持每天都能关注身边的信息,提高信息收集、分析水平,不要急功近利,不要为了某一阶段的需要或完成某一任务而应付了事。要培养自己对信息的敏感度,或捕捉、分析、判断和吸收信息的自觉程度。

 知识拓展

信息素养的十点意见

(1) 认识到精确和完整的信息是做出合理决定的基础。
(2) 确认一个对信息的需求。
(3) 形成基于信息需求的问题。
(4) 确认潜在的信息源。
(5) 制定成功的检索方案。
(6) 从包括基于计算机的和其他的信息源中获取信息。
(7) 评价信息。
(8) 组织信息用于实际应用。
(9) 将新信息与原有的知识体系进行融合。
(10) 在批判性思考和问题解决的过程中使用信息。

五、成果整理中的思考与决策

思考是人的大脑的正常活动。人人都会思考,但是,如何进行正确的思考呢?如果思考方式脱离了现实,毫无事实根据,违背客观规律,则这种思考方式是错误的。正确的思考方式必须面对现实,必须以客观事实及其规律为根据,使自己的思想符合客观事实及其规律,否则便是胡思乱想,就会谬误百出。

1. 影响思考的两个遗传

(1) 生理遗传。经过世代遗传的本性和特质会影响你的思考习惯,你可能是严肃的或是不受拘束的思考者(也就是科学家所谓的左脑或右脑思考者)。前者强调的是严谨、详细,如数学家、理论家多属于左脑思考者;而后者强调的则是自由、浪漫,如作家、诗人多属于右脑思考者。每个人都有可能一个较强而另一个较弱,正确地思考可以修改、加强和引导这两种思考方式。

（2）社会遗传。环境、教育和经验都属于社会刺激物之一，思考受到这些因素的影响最深。但这实际上是一种危险信号。因为，这表示人多半都是受到外界的激发才开始思考的。然而你可以采取行动控制并挑选这些影响因素。

2. 正确思考的方法

（1）分清事实和纯粹资料，分清重点和一般。人的大脑是宝藏也是垃圾场，培养正确的思考方法，重要的是在任何境况中都能准确地把握事实，当一个人知道自己是凭着事实在做事时，他将很清楚事情将会是怎么样。通常，我们会无意识地接受有利于自己的事实，而逃避或抵制不利于己的事实。把注意力集中在当前重要的事情上来，撇开无关的、无足轻重的事情。要相信，时间对每个人都是相同的，把精力集中在重要的事情上，才能比别人走得更快更远。

（2）不轻信。希腊作家欧里庇得斯说过："人最可贵的品质是能明智地意识到什么不该相信。"轻信即没有证据或只凭很少的证据就相信。正确思考者的脑子里永远有一个问号，一定要质疑企图影响正确思考的每一个人和每一件事，但这并不是缺乏信心的表现，而恰恰是尊重事实的最佳表现。如果立志做一位正确的思考者，必须是情绪的主人而非奴隶，不应给任何人控制自己思想的机会，不能受家人、朋友或同事的影响而接受自己本已拒绝的不正确观念。

（3）要有远见的思考。毛毛虫因为有远见，所以忍受丑陋，等待成茧的机会；小鸟因为有远见，所以忍受一次次的失败，成就了自由飞翔的本领。

美国"旅游大王"希尔顿在美国的旅馆，因为全国的经济萧条而倒闭了 80% 时，仍然保持着乐观的心态，即使当时已负债 50 万美元。他充满信心地向全体员工呼吁："目前正是旅馆难过的时候，我请各位记住，千万不可把愁容摆在脸上！无论何时，无论旅馆遭遇怎样，希尔顿旅馆服务员的微笑永远是属于旅馆的阳光！"后来，希尔顿的旅馆率先进入了新的黄金时期。希尔顿因为有远见，所以在困难时期仍能发现微笑的力量，使自己在困境中保持微笑，给人们多一份温暖，也给自己多一次机会。缺乏远见的人，对未来显得迷茫。远见让人对未来充满欣喜，而不为眼前的烦琐而郁郁寡欢。

3. 决策能力

关于决策的理解有很多，归纳起来有三种代表性的解释：一是把决策看做是一个包括提出问题、确立目标、设计和选择方案的过程，这是广义的理解；二是把决策看做是从几种备选的行动方案中做出最终抉择，是决策者的拍板定案，这是狭义的理解；三是认为决策是对不确定条件下发生的偶发事件所做的处理决定。每一次都做出正确的决策实际上是不可能的。然而，采取正确的方法、技术以及正确的工具可以增加你做出正确决策的机会。

决策分析一般分为四个步骤：一是形成决策问题，包括提出方案和确定目标；二是判断自然状态及其概率；三是拟订多个可行方案；四是评价方案并做出选择。

要能够做出正确的决策，首先，要善于收集相关的资料，并对资料进行有效分析。其次，决策过程跟目标联系起来，要有主见性，不优柔寡断，适时、果断地做出正确决策。

案例链接

案例一　重要的尾数

一个年轻人到一家公司应聘临时职员,职位内容是采购物品。经过几轮测试,这个年轻人和另外两名优胜者留了下来,他们将进行最后一轮角逐。

招聘考官首先对他们进行提问,三人的回答都不错。最后,考官给他们出了一道实务操作题:假定公司派你到某工厂采购2000支铅笔,你需要从公司带去多少钱?

几分钟后,应试者都交了答卷。第一名应聘者的答案是120美元,他说:采购2000支铅笔可能要100美元,其他杂用就算20美元吧。第二名应聘者的答案是110美元。他解释道:2000支需要100美元左右,另外可能需要10美元左右。最后轮到这位年轻人。他的答卷上写的是113.86美元。考官不觉有些惊讶,立即让他解释一下答案。

这位年轻人说:铅笔每支5美分,2000支铅笔是100美元。从公司到这个工厂,乘汽车来回票价是4.8美元,午餐费是?美元,从工厂到汽车站为半英里,请搬运工需要1.5美元……因此,总费用为113.86美元。

考官听完欣慰地笑了。这名年轻人自然被录用了。这名年轻人就是后来大名鼎鼎的卡耐基。

案例点评:

也许最后总费用不一定是精确的113.86美元。但是计算数字这个过程中却反映了严谨的作风和认真的态度,还有对周围事物的细心观察。善于发现与总结,总会给你带来意想不到的效果。

案例二　翻　译

一个美国人为到日本做现场演讲,请了一个日本人为他做翻译。

美国人为了考验翻译,一口气讲了15分钟才停下来。他以为这下会把翻译难住。没想到翻译镇定自若,只见他不慌不忙地对着观众讲了一句话。

美国人感到很奇怪,继续又讲了15分钟才停下来。翻译也只用了一句话来告诉听众。

美国人更是疑惑不止。他继续进行演说,直到结束。而翻译同样只讲了一句话。下面的听众却报以热烈掌声。

美国人后来问了会日语的朋友。他朋友告诉他刚才翻译的三句话分别是如下。

第一句:到目前为止,没有什么新鲜的事可听。

第二句:我想到结束前都不会有什么可听的。

第三句:我说得没错吧。

案例点评:

也许,我们不鼓励这位翻译这种不敬业的做法。但是,从另一个角度看,学会真诚沟通,学会锤炼自己的语言,是人际交往的一个重要方面。每个人在对自己言行进行总结的时候,要善于分析语言上的失误部分,减少没有说服力的滔滔大话。

案例三　天使出游

两个天使出游。第一天,他们借宿到一个富人家庭。这个富人待他们并不友好。留着舒适的客房不让他们睡,只让他们去阴冷的地下室。在铺床的过程中,老天使发现了墙上有个洞,并把它修补完好。小天使很纳闷:何必对他们这么好呢? 老天使说:有些事情并不是你所看到的那样。

第二天,两个天使来到了一户穷人家。虽然一贫如洗,但是主人还是热情地招呼了他们,并把自己非常简陋的床让给了他们睡。第二天早上,他们被穷人夫妇的哭声惊醒了,他们发现穷人家的奶牛死了。那可是他们生活的唯一来源。小天使非常生气:为什么好人没有好报? 为什么不帮他们一下? 为什么不阻止母牛的死亡?

老天使说:有些事情并不是你所看到的那样。我们在富人家,从墙洞里我看到了他们的金银财宝。他们不愿意好善乐施,不愿意分享他们的财富,这些财富对于他们来说,失去了意义。所以,我把墙洞填上了。而昨天晚上,死亡之神来召唤穷人的妻子,我让奶牛替代了她。所以有些事情并不是你所看到的那样。

案例点评:

有时,我们相信"眼见为实"。但是,并不是所有的事物都是它表面所呈现的那样。善于总结与分析,用自己的智慧来去伪存真,努力找到事物的本质。

案例四　农夫和小船

有一天,一个年轻的农夫划着小船给另一个村子的居民送货。那天的天气非常炎热,农夫受着艳阳的炙烤,心急如焚,一心想早点渡过这条小河,完成运送任务,以便在天黑之前能返回到家里。

突然,农夫发现前面有一只小船,沿河而下,迎面向自己快速驶来。眼看两只船就要撞上了,但那只船丝毫没有避让的意思,似乎是有意要撞翻农夫的小船。"让开,快点让开! 你这个白痴!"农夫大声地向对面的船吼叫道,"再不让开你就要撞上我了!"但农夫的吼叫完全没用,尽管农夫手忙脚乱地企图让开水道,但为时已晚,那只船还是重重地撞上了他的船。

农夫被激怒了,他厉声斥责道:"你会不会驾船,这么宽的河面,你竟然撞到了我的船上!"当农夫怒目审视对方的小船时,他吃惊地发现,小船上空无一人,听他大呼小叫、厉声斥骂的只是一只挣脱了绳索、顺河漂流的空船。

案例点评:

美国成功哲学演说家金·洛恩说:"成功不是追求得来的,而是被改变后的自己主动吸引而来的。"也许在我们的工作和生活中,经常责难或发怒时,却发现对象只是一只空船,他不会因为你的斥责而改变他的航向。所以,要学会正确地思考,要学会分析,要善于总结,善于改变自我。

案例五　工　匠

一位工匠到某人家里做客,看到主人家有很多木材。院子中间有一个很大的灶台,烟囱是直的,工匠便告诉主人说,烟囱要改成弯曲的,否则将来可能会有火灾,主人听了没当回事儿。可不久,主人家里果然失火,邻居刘二第一时间跑过来救火,最后帮主人将火扑灭。主人十分感谢刘二,可他却没有想到当初提醒他防火的工匠。时间又过去了一年,主人在院里开辟了一大片菜园子,因为园子大,浇水比较费力,于是他请工匠过来给他建一个水塔,平时接雨储水,用时放水浇地。本来建个水塔很容易,可工匠却细心地考察了一天才选好了位置,不久,便建起了一个大的水塔。一天中午,主人家的木材再一次起火,这次火很大,主人便急忙敲锣召集人帮助灭火。工匠听到敲锣声,立即向主人家跑去。火正烧着,工匠冲进院里,没有去拿水桶灭火,而是直接爬上水塔,拔掉了水塔侧面的一个大水阀,水顷刻而下,大火很快被扑灭。主人对工匠千恩万谢,工匠却笑着说:"你家的防火一直存在问题,当初给你提了建议你也不听,正好你让我给你建水塔,所以我考虑了一下,也为了防火,把水塔建在了这里,没想到还真用上了。"主人顿时省悟,烹羊、宰牛犒劳工匠。

案例点评:

能提出质疑固然好,但当你的质疑没有被重视的时候,能主动把补救的措施做到位更可贵,这叫做执行到位的能力。同时告诉我们,要进行系统思考,面对任何问题时,要善于从整体上进行考虑,不要头痛医头、脚痛医脚,应该从本质上解决问题。

 # 项目体验

体验一　整理自己的书桌

各式各样的文件资料、复印资料、备忘录、读书笔记等,正占据你越来越多的书桌空间。你应该当机立断,开始整理你的文件资料,进行取舍,并编制文件夹,提高你的工作学习效率,那就开始吧。

(1) 整理出你的资料,进行分类。如报纸类、杂志类、读书笔记类、复印资料类等。

(2) 评定资料,大胆取舍。把有用的剪下来,存起来,做到眼、脑、手并用,重复出现的"垃圾资料"或没用资料,就果断地扔掉。

(3) 详细归类。有效利用资料袋、文件夹,进行分类收纳,同样主题的有关资料编定成册,并加以编号。所有资料注明出处,有必要详细写明何人、何时、何处等。

(4) 制作规范化的表格。使用规格化的表格会让资料更清楚,查找起来更顺利。

如果你有时间,也有了一定的经验,你可以帮助老师或同学,一起来整理资料哦。

体验二　头脑风暴

运用头脑风暴法,进行广告创意练习。

选择一个日常经常接触的商品,如方便面、矿泉水等,对其进行影视广告的创意,鼓励大家自由想象,发展创意。请做如下记录。

你们的产品: _____

会议参加的人员: _____

会议所花的时间: _____

你对发展的创意:

(1) _____

(2) _____

(3) _____

(4) _____

(5) _____

(6) _____

(7) _____

(8) _____

(9) _____

(10) _____

(11) _____

(12) _____

(13) _____

(14) _____

(15) _____

你对会议的评价:

体验三 精彩课件赏析

团队成员自由上网收集 PPT 演示文稿,并下载学习,分析它们的特点。然后团队成员相互间进行交流,探讨好的 PPT 应该具备哪些条件。从逻辑、内容、配色、排版等方面进行思考。

优秀 PPT 文稿应该具备哪些要素?

体验四 决策能力

任务一:以下是几道有趣的数学题,大家可以自由想象,生活中哪些时候会出现以下情况:

$1+1=1$ $2+1=1$ $3+4=1$ $4+9=1$ $5+7=1$ $6+18=1$

提供的参考有：

1（里）＋1（里）＝1（公里）

你想到的答案还有：＿＿＿＿＿＿＿＿＿＿＿＿＿＿＿＿＿＿＿＿

2（月）＋1（月）＝1（季度）

你想到的答案还有：＿＿＿＿＿＿＿＿＿＿＿＿＿＿＿＿＿＿＿＿

3（天）＋4（天）＝1（周）

你想到的答案还有：＿＿＿＿＿＿＿＿＿＿＿＿＿＿＿＿＿＿＿＿

4（点）＋9（点）＝1（13点，即下午1点）

你想到的答案还有：＿＿＿＿＿＿＿＿＿＿＿＿＿＿＿＿＿＿＿＿

5（月）＋7（月）＝1（年）

你想到的答案还有：＿＿＿＿＿＿＿＿＿＿＿＿＿＿＿＿＿＿＿＿

6（小时）＋18（小时）＝1（天）

你想到的答案还有：＿＿＿＿＿＿＿＿＿＿＿＿＿＿＿＿＿＿＿＿

任务二：一小卖部老板遇到一个拿着一张100元人民币的顾客。该顾客要买一条价值30元的香烟。老板没有零钱，就到邻居那里换了100元零钱，然后给顾客一条香烟和70元零钱。顾客走后，邻居跑来说，刚才那100元钱是假币。老板无奈只得自认倒霉，付给邻居100元钱。

问题：这一次老板亏了多少钱？

＿＿＿＿＿＿＿＿＿＿＿＿＿＿＿＿＿＿＿＿＿＿＿＿＿＿＿＿＿＿＿＿＿＿

＿＿＿＿＿＿＿＿＿＿＿＿＿＿＿＿＿＿＿＿＿＿＿＿＿＿＿＿＿＿＿＿＿＿

任务三：假设你是战地医院院长，你领导和管理的医院救护资源有限，而此时送进来4位需要你们急救的伤员，他们是：稚气未脱的士兵，怀孕的妇女，受伤的老人，戴军衔的军官。

问题：你将按照怎样的原则来决定救护的先后次序？请记住战地医院的资源有限，无法同时针对4位伤员展开救护工作。

＿＿＿＿＿＿＿＿＿＿＿＿＿＿＿＿＿＿＿＿＿＿＿＿＿＿＿＿＿＿＿＿＿＿

＿＿＿＿＿＿＿＿＿＿＿＿＿＿＿＿＿＿＿＿＿＿＿＿＿＿＿＿＿＿＿＿＿＿

你的理由：

＿＿＿＿＿＿＿＿＿＿＿＿＿＿＿＿＿＿＿＿＿＿＿＿＿＿＿＿＿＿＿＿＿＿

＿＿＿＿＿＿＿＿＿＿＿＿＿＿＿＿＿＿＿＿＿＿＿＿＿＿＿＿＿＿＿＿＿＿

＿＿＿＿＿＿＿＿＿＿＿＿＿＿＿＿＿＿＿＿＿＿＿＿＿＿＿＿＿＿＿＿＿＿

＿＿＿＿＿＿＿＿＿＿＿＿＿＿＿＿＿＿＿＿＿＿＿＿＿＿＿＿＿＿＿＿＿＿

心灵小语

● 善用知识就是智慧。

● 伟大的成就往往源自微不足道的小事。

实训日志

项目 9　实训日志如表 9-5 所示。

表 9-5　实训日志

日期		天气	

主要实训内容：

体会与感想：

努力方向：

项目 10　成功导向训练
——团队展示

实训目标

◇ 通过团队展示,锻炼学生的表达技巧,沟通技能。

◇ 展示团队力量、团队创造性、团队洞察力。

◇ 掌握 PPT 文稿展示技巧。

◇ 引导学生正确看待成功,学会用成功目标引导自己的行为。

◇ 引导学生学会享受工作和生活的乐趣。

项目描述

对已经实训的各个项目进行总结,通过 PPT 文稿演示的形式把成果展现出来,主要体现在实训过程和实训感受两个方面。重点突出团队士气、团队文化、团队创造性等内容。每个团队展示时间为 8 分钟。

实施步骤

步骤一 演 示 准 备

(1) 提前把文件存到演示的计算机上,并确保能打开。

(2) 可以利用课前时间进行预演,对演示过程进行准备(详情如表 10-1 所示),在规定时间内掌握演示节奏。

(3) 在规定时间到达指定地点。

(4) 抽签决定演示的顺序。

(5) 由指导老师、专业老师、学生代表组成评审团,在演示结束后对演示内容进行提问。

表 10-1 演示前的准备内容

1. 演讲大纲和演讲内容是否了然于胸?
2. 开场白是否具有吸引力?
3. 精神是否饱满? 自己的情绪能否调动所有的人?
4. 着装与装饰是否整洁、得体?
5. 是否习惯把手放入口袋?
6. 音量是否适度? 能否使所有听众都能听清楚?
7. 是否使用听众知道或容易理解的实例和事实?
8. 是否能熟练使用演示的工具?
9. 是否注意与听众的目光进行交流?
10. 结尾是否有力,有没有用真诚的感谢来结束演示?

步骤二　团队展示

（1）团队依次展示。

（2）接受评审团提问。

（3）团队倾听与学习。

　　思考与提升：寻找每一支团队的亮点，为每支队伍列举他们的两个与众不同的地方，如表 10-2 所示。

表 10-2　优秀团队记录

队　别	团队优秀特质、团队值得学习的地方
团队一	1. 2.
团队二	1. 2.
团队三	1. 2.
团队四	1. 2.
团队五	1. 2.
团队六	1. 2.

步骤三　点评提升

（1）现场评出本环节优秀团队。评价标准如表 10-3 所示。

（2）指导老师进行点评。

表 10-3   评价标准

考核项目	评 价 指 标	分值	得 分
文稿制作(35 分)	1. 简洁、清晰、明了	10	
	2. 章节详略得当	10	
	3. 具有美感	5	
	4. 表现整体一致性	10	
展示内容(30 分)	1. 实训内容充实	10	
	2. 突出团队成绩	10	
	3. 佐证资料丰富	10	
表达技巧(35 分)	1. 仪态自然	10	
	2. 表达自信、生动	10	
	3. 语言清晰、流畅	10	
	4. 时间控制得当(超时酌情减分)	5	
小 计		100	
加分项	1. 语言的创新		(加一项得一个奖励) 总共得奖数:
	2. 文稿制作新颖		
	3. 团队展示方式的创新		
	4. 倾听最认真		
	5. 展示过程最完整		
	6. 其他		

总评 ＝分数(   )＋奖励(   )

知识点拨

一、PPT 文稿演示技巧

在日常的办公培训、商务会议、学生案例竞赛等场合,用 PowerPoint 制作和播放演示文稿被广泛地应用,其目的就是提高信息的传递率,使交流更加顺畅。任何一个演示过程都要求重点突出、合理利用多媒体技术、准确控制时间。那么,如何提高演示技巧呢? 关键在于掌握演示过程的三要素:信息本身、演讲技巧、幻灯片制作水平。

1. 熟悉信息

熟悉内容,感动自己。首先自己要对文稿内容非常熟悉:最不同寻常的地方在哪里? 最有趣的地方是什么? 会有什么东西最让人兴奋? 最幽默的部分是什么? ……一定要明确主旨。其次要有清晰的思路与结构,合理安排逻辑关系,让内容逐步展开层次,既要讲清基本观点,又要突出亮点。

做好了充分的准备,才能做到心中有底。不要去背诵完整的演讲稿,要梳理要点部分,否则很可能对着听众照本宣科。尽量多加练习,这样你就会对内容熟悉,避免因临场的紧张而使自己语无伦次、言不达意。

2. 掌握表达技巧

掌握表达技巧,感染听众。表达技巧的好坏直接关系到内容传递的效果。演示的时候,要从仪态、语调、表达方式上下工夫。

（1）要有美的仪态。从仪表、姿态、神情、动作等方面让人感到轻松自如、赏心悦目、饱含热情,让人觉得值得信赖。所以,在立与坐、眼神、手势、身体动作、步伐移动等要从容、自信。心理学理论"晕轮效应"认为:一个人给别人的第一个印象往往是人们对其做出判断的依据。如你见到一个人衣着整齐、表情自然,则会认为此人做事细心,有条有理,进而会想,这个人一定有责任心,你就会在心里产生最初的美好感觉。所以人与人交流或演说的时候,要进行适当修饰,注意给自己塑造良好形象。

（2）注意语调要清晰和流畅,做到发音正确、吐字清楚、句式连贯、声调优美。平时做练习可以从以下两个方面进行修饰:一是可以恰当使用升调和降调,升调传达着激昂的情绪,如兴奋、愤怒、谴责、疑问;降调则表达灰暗的情绪,如悔恨、伤心、失望和郁闷等。在表达过程中升降调的使用,可以使表达抑扬顿挫,感情丰满。二要把握演讲节奏,适当使用停顿来表示强调,也可以适当用连贯推进情感。如"所有的团队,都有一个共同的特质,那就是……",可以转换为"所有的团队都有一个共同的特质,你们知道那是什么吗?",利用问题引发听众思考,留出一定的想象空间,放慢节奏,这样可以更快速地与听众建立联系。要注意,在整个过程中,切忌过多使用"恩""哪""这个""那个"这样的语气词,会显得拖沓冗长、缺乏美感。

（3）幻灯片演示技巧。幻灯片是快捷、易用、灵活的工具,可以帮助组织、策划演讲,使演讲内容变得井然有序。

一是要注意过程的整体性,依次展示大纲、内容、总结、强调几个步骤,让大家清楚展示内容,形成整体印象。

二是视觉要与听觉配合,听众看到的也必须与他们所听到的相匹配。始终要牢记,演示的主角是人,而不是幻灯片,幻灯片的信息是支持所表达的观点的,始终要让听众的听觉在第一位,其次才是视觉。忌讳在演讲过程中眼睛盯着幻灯片,也不要让听众去阅读幻灯片上的内容。

三是合理安排播放时间。不要幻灯片一播放出来,就开始评论内容,要先给观众阅读和理解的机会,然后再加以评论,拓展并增补屏幕内容。不要过多地使用动画,延长了播放时间,也会分散听众的注意力。

最后要注意一个小细节,不要让鼠标逐字指点,切忌漫无目的、胡乱晃动。

（4）做好回答提问的准备。面对专家提问的环节,一定要做好准备,做到诚恳、谦虚。首先要对所有展示内容了然于胸,制作者和演讲者分离的情况下,演讲者一定要事先熟悉内容,特别是专业名词、引证数据等;二是专家提问的时候,要注意听清专家提出的问题,领会问题所指的关键点,必要的时候,做个简要记录;三是回答问题时,团队成员做好分工,成员之间不要出现抢答的混乱,对问题要概括性或针对性地回答,切忌漫无目的、滔滔不绝;四是对存在的问题要虚心接受,避免矫饰或强词夺理。

二、成功学

每个人对于成功的定义是各不相同,现在关于"成功学"的书籍非常多,大家对"成功学"的态度也褒贬不一。成功学受到企业家或是急切想改变生活困境的人群的追捧,但是一些学者认为充斥市场的"成功学"图书,多粗制滥造、夸大其词,让"成功学"图书几乎成为"伪知识"的代名词。但是,不可否认,成功学在给我们提供一个新的沟通方式,让人们消除隔阂,更加注意开发潜能、注重身心平衡,更加感恩、更加励志。

1. 什么是成功学

从广义的成功学定义上讲,成功学是专门研究、传播成功的规律,并应用于生活、工作实践的学问。成功学来源于社会,是一门社会学、实践学,是时代发展的产物。它的目的就是为了帮助人们获得成功。

2. 成功学的流派

在研究成功学的历史长河中最有代表性的有以下一些。

第一代是卡耐基,其理论的核心是人际关系成功论,强调人不是孤立地生存在这个世界上的,人的成功与否取决于与他人相处的技巧,他的代表作为《人性的光辉》、《语言的突破》、《美好的人生》、《人性的优点》。

第二代是拿破仑·希尔,被认为是积极心态成功论者,他认为成功是由那些抱有积极心态的人所取得的,态度决定一切。他的代表作为《思考致富》、《人人都能成功》。

第三代是安东尼·罗宾,他提出的是潜能成功论,是建立在神经语言学理论基础上的一门研究成功因素的派别理论。该理论强调每个人都具有成功的特质,只要调整了既有的神经系统,成功乃是人生的必然,只是时间早晚不同罢了。人好比一座矿藏,目前只被开发了 10% 左右,掩藏了极大的潜在能源,有意识去开发潜在的能源,就可以创造巨大的能量,他的代表作为《激发无限的潜力》、《唤起心中的巨人》、《巨人的脚步》。

第四代是陈安之,其代表作为《21 世纪超级成功学》、《自己就是一座宝藏》。

第五代是高安明,其代表作为《成功规律学》(又名《成功的规律》)。

纵观成功学的各个流派和理论内容,我们得出三点:成功一定是有方法的;"成功学"是一门关于自我管理的学问;"成功学"是一种心理调节的学问。

3. 如何看待机遇

机遇对每一个人都很重要,它就像时间和空间一样,对每个人都是均等的,只是有些人抓住了,有些人抓不住;有些人发现了,有些人却茫然不知;有些人在不断创造机会,而有些人则在苦等机会。众所周知,"机会是给有准备的人"。机遇不会等待你准备,如果你没有准备好,机遇就会钟情于别人。通常所说的命运的转折点,只是之前努力所取得的成绩而集成出的机会。

机遇不喜欢懒汉,也不欣赏投机者,机遇总伴随着勤奋努力的人、不断开拓的人、持之以恒的人、力求创新的人、懂得舍弃的人。成功的秘密在于,当机遇来临的时候,你已经做好了把握住它的准备。对于那些懒惰者来说,再好的机遇也一文不值,对于那些没有做好准备的人来说,再大的机遇也只会显示他的无能。

4. 正确看待成功

每个人对成功的定义都不一样,有的人认为心想事成是成功,有的人认为把目标完成是成功,有的人认为拥有了财富是成功,有的人认为成功是让自己快乐,有的是自认的成功,有的是公认的成功。你定了一个目标,然后得以实现,就是取得了成功。即使别人并没有感觉到,那也是成功。有时候你在公众眼里已是一个成功者,可你自己并不以为然。无论是个人认为的成功,还是公众认为的成功,人们看到的只是结果。但成功的过程,如何取得成功,比何为成功更能吸引人的注意力。

也许,成功是一个学习、分享和成长的过程,在于有能力影响、帮助更多的人获取成功,在于内心的快乐与受到社会的尊重。或许,成功是一种积极的感觉,它是每个人达到自己理想之后一种自信的状态和一种满足的感觉。也许,真正的成功不在于名,也不在于利,而在于内心充实,在于找到自我价值的肯定。

有时,不要把成功看得太遥远,也不要把成功看得太容易,获得成功的过程是需要付出努力的。所以,我们要有意识地管理自己的人生,达到实现自我的目的。

不管怎样,成功的定义要由自己来下,一定要有自己的想法和价值观,人生才会踏实和快乐。"坐而言,不如起而行。"

三、分享成功的方法

成功一定是有方法的,每个人要主动去探询自己获得成功的方法,并每天去实践它。哈佛大学的校训是:成功之路只有一条,那就是准备。

1. 你的想法决定一切

人是自己思想的主宰者,人之所以伟大,是因为人有自己的思想。人有了思想,就具有自我认识的过程及反省的过程,就能够认识哪些是可贵的,哪些是可悲的,也可以区别事物的好坏和所作所为的善恶,因此形成自己的做事风格,评估自己为人处世的水平,同时可以反思自己的错误,吸取经验教训,防患于未然。

能否掌握成功的关键,就在于你能否用积极的想法主宰自己。要改变活法,就先改变想法。想法若改变,态度跟着改变;态度改变,习惯跟着改变;习惯改变,性格跟着改变:性格改变,人生跟着改变。从小到大、自内而外、由里及表,想法影响我们的判断、决断、做人做事,改变我们的人生,决定我们的命运。

自信坚持的想法让你无所畏惧,诚实负责的想法让你赢得信任,勤勉实干的想法让你水到渠成,灵活创新的想法让你前景光明。尽量保持乐观的态度,不断在内心自我交谈,每天花一些时间来重温并强化自己的积极行为,肯定自己的一切。

2. 将梦想变为目标

让目标反映你的心愿和需求,让目标清晰可见。前进的道路是由目标指引的,准确地把握人生之舟的航向,是通向成功的第一步。

1953年,美国耶鲁大学对毕业的学生进行了一次有关人生目标的研究调查。在开始的时候,研究人员向参与调查的学生们问了这样一个问题:"你们有人生目标吗?"对于这个问题,只有10%的学生确认他们有目标。然后,研究人员又问了学生第二个问题:"如果你们有目标,那么,你们是否把自己的目标写下来了呢?"这次,总共只有3%的学生回答是肯定的。20年后,耶鲁大学的研究人员在世界各地追访当年参与调查的学生,他们发现,当年白纸黑字把自己的人生目标写下来的那些人,无论从事业发展还是从生活水平上看,都远远超过那些没有这样做的同龄人。这 3％的人所拥有的财富居然超过了余下 97％的人的总和。这 3％的人之所以成功,就是因为他们有明确的目标。

3.开始行动

我们经常会看到这样的情形:当别人成功的时候,会有人懊恼不堪,"其实,我也想到了。只不过是没有他快而已"。其实,说到底是只有想法,没有行动,这样就会失去很多机会。认为有价值有必要的事情,想好了就马上去做,不要找理由推辞。罗马纳·巴纽埃洛斯说:"一切的一切都毫无意义——除非我们付诸行动!"

克服自己的懒惰,用勤劳来代替。不要整日空想,谈论,用坚毅的态度来不断行动。没有行动,任何目标都只是空想。

4.坚持学习

成功肯定和学习有关。成功需要知识、需要智慧、需要实力,所以,需要不断地学习。成功者掌握资讯,每一份资讯他都要立刻获取,每一天都在进步。

鲁迅在一篇杂文中就提到,读书有两种,一种是职业的读书,为了工作或升学,不得不读。所以这种读书是"勉勉强强的,带着苦痛的"。另一种是嗜好的读书,"那是出于自愿,全不勉强"。他认为,只有后一种读书,才能有浓厚的趣味,也才"可以扩大精神,增加知识"。一个人只要养成了良好的学习习惯,培养了浓厚的学习兴趣,那么学习就是一种享受。我们一定要在学习中成长,在成长中学习。

5.坚持努力工作

每个人都梦想着又快乐又成功。大多数人认为参加工作是痛苦的,不能再为所欲为,总是感觉受到约束。实际上,好工作不是找来的,而是做出来的,任何一个工作认真做下去就是好工作。对现有工作要全心投入,认真地经营,结果就会发现这个工作是改变自己一生的好工作。如果能在工作中感觉到自在,那么工作就会充满乐趣。

有一次,一位官员陪同外宾去打高尔夫球,到了球场发现场地都被占满了。在等待中,他看到一块场地上有一批球童在拔草,就走过去问:"你们拔草一天多少钱?"球童说:"我们拔草是没有钱的,在空闲时把环境整理好,客人觉得环境不错,都愿意来打球,我们就有机会赚小费了。"球童的工作是捡球,而不是拔草,但是懂得利用空闲时间整理草地,虽然赚不到钱,却可以更好地工作。这就是努力工作的表现。如果对一份工作有一种主人翁责任感后,就会感觉到自在,就会从工作中感觉到成就。

6.注重细节

尽善尽美是不可能的,但是尽可能做好不是件小事。细节实际上是一种长期的准备,是一种习惯,是一种积累,是一种眼光,也是一种智慧。

一个青年大学生毕业后去了广州,不幸他的钱包被偷,钱和身份证都没有了。在受冻挨饿的情况下他开始捡垃圾。一天他正低头拾垃圾时,有个中年人拿出一张名片,告诉他这家公司正在招聘,可以去试试。小伙子拿着这张名片,没有经过任何笔试和面试,他进了这家公司。后来由于他个人的努力,他成了副总经理。

一次他忍不住问总经理为什么会选择他。总经理回答:"那次我偶然看见你在拾垃圾,就观察你很久,你每次都把有用的东西拾出来,将剩下的垃圾归类好再放回垃圾箱。当时我想,如果一个人在这样不利的环境下还能注意这样的细节,那么无论他是什么学历,什么背景,我都应该给他一个机会。而且连这种小事都可以做到一丝不苟的人,不可能不成功。"

认真地把握每一个细节才能经常获得成功,才能获得许多意想不到的喜悦与收获。学会分析细节,面对现实。

7. 专注

专注就是注意力全力集中到某事物上面,不被其他事物所吸引,不会萦绕于焦虑之中,专心致志,全神贯注。

北京一家电视台在招聘新闻采访记者时,让应聘者在封闭性良好、播放高分贝音乐的房间里比赛穿针,谁所用时间最短谁就胜出。这样的活动看似和新闻采访没有关系,但是却反映出成为一名优秀记者的素质:在嘈杂的环境中排除外界干扰专注做事的能力,一种闹中取静的心态和本领。

专注不是苦苦地执著于某个事物、某个东西,而是要越来越多地去品尝那个专注投入的状态。不要让别人分你的心,有了专注,我们才能不为其他事情所困扰,才能瞄准目标,从而在成功的路上不断调整措施,直到获取成功为止。

8. 多与成功人士交往

成功者永远向成功者学习,因为成功的人,他们心态积极,自信,有主见,意志坚强,乐观热情,为人大方。多与成功的人交往,会学到很多积极的东西,而这些东西是在消极者那里看不到的。中央电视台著名节目主持人倪萍女士,经名师的指点,使她少走了很多弯路,在众多社交场合,倪萍都称呼赵忠祥先生为赵老师。

在人生的奋斗历程中,会孤独、痛苦、困难重重,因此,人人都渴望有知音。与成功的人交往,能相互激励,相互支持,取长补短,得到更多帮助。

9. 待他人好一点

有句话说"对自己好一点,因为这辈子不长;对别人好一点,因为下辈子不一定遇得到"。世上没有哪个人会拒绝善良。一个微笑,能让人感到温暖;一个问候,能让人感到安慰。从自己的心愿、需求、希望出发,推己及人,照顾到他人的想法。善待他们,冷静而热心地聆听他人的意见,了解他人的难处。

四、幸福感

很多人感到自己很幸福,也有越来越多的人感觉不到幸福。幸福是什么?有这样一个故事。

宽阔草原上住着一对狮子母子。一天,小狮子问妈妈:"妈妈,幸福在哪里呀?""幸福,它就在你的尾巴上!"

于是小狮子开始跑啊跳啊,做着各种动作,想要抓住自己的尾巴。可是,无论它如何努力,都无法抓住尾巴上的幸福。

狮子妈妈笑了:"宝贝,你只要昂首阔步地向前走,幸福就会紧紧地跟着你!"

其实,对于幸福的理解真是仁者见仁,智者见智。有人说"幸福就是三句话,能笑,能吃,能睡";有人说"幸福就是有希望,有事做,有人爱";有人说"幸福就是快乐,快乐胜过黄金";有人说"幸福就是健康"。幸福似乎有很多的近义词,"快乐"、"愉悦"、"开心"、"美满"等,一千个人就有一千种关于幸福的答案。

大多数人都将财富,或者说物质的丰富和满足,当成了幸福的最根本因素,其实,每个人看到自己所拥有的,你就会获得更多的幸福感。不只是金钱,还可以是高尚的品格、杰出的才智、优雅的气质、开朗的心境、完美健全的体格等。有人说:"初级的幸福感觉来自于在对比中得到的优越感,成熟的幸福感来自于坚强的人生态度,来自于对未来的期望,来自于对高层次的精神追求。"其实,幸福是一种自我体验,每个人衡量幸福感的标准是不一样的,别人都觉得一个人应该很幸福,他自己未必觉得。

要找到自己的幸福,首先要怀着真诚的心,热爱生活,珍惜生活。其次,要建立符合实际的目标和期望标准。人活着要有目标,目标要高于现实,但又不可过高,能够激励自己,而不构成巨大压力的生活目标才是合适的。最后,要有平和的心态,要能正确地对待挫折,正确地对待他人。

一杯淡水,一杯清茶可以品出幸福的滋味;一朵鲜花,一片绿叶,常常可以带来幸福的气息;一间陋室,一卷书册,可以领略幸福的风景。幸福更在于精神的追求与心灵的充实。

 ## 案例链接

案例一 不知道说什么

我是电子厂的一个测试员,因为我的性格比较内向,平时不大会说话,一般只会闷不吭声地做事。所以,在很多时候,我都是被忽略的对象。当年终大会的时候,看到同事都能侃侃而谈自己的成绩和贡献,看到领导给他们投以赞许的目光时,我很苦闷,我不知道如何展示自己的工作成绩。所以,我做了很多事,却一直都没有升职,只是默默地平凡地在工作。其实我的心里不是这样想的,我也想受到重视,得到肯定,也希望能够升职,希望获得荣誉。可是我就是不知道如何说? 不知道说什么? 不知道怎样说? 我也安慰自己:是金子总会发光的。如果要伯乐发现你,首先自己是匹千里马。

但是,我的家人和我的朋友都说我不会说话,其实不是我不会说话,是我真的没有什么说的,空空的!

案例点评:

学会表达,首先要想好表达的内容,在本案中,主人公是一位电子厂的测试员,根据职位特点,要清楚公司对测试员这个职位的业绩考评指标是什么,然后对比自己是否已经达到了公司的要求,或者对比同事的业绩来了解自己的状况,通过这些做法来总结自己应该说什么。其次是表达的形式,如果你不擅长说话,可以在年底时以书面报告的形式告诉老板你的工作业绩。

案例二 踢垃圾桶

加里·沙克是一个具有犹太血统的老人,退休后,在学校附近买了一间简陋的房子。住下的前几个星期还很安静,不久有三个年轻人开始在附近踢垃圾桶闹着玩。

老人受不了这些噪声,出去跟年轻人谈判。

"你们玩得真开心。"他说,"我喜欢看你们玩得这样高兴。如果你们每天都来踢垃圾桶,我将每天给你们每人一块钱。"

三个年轻人很高兴,更加卖力地表演"足下工夫"。不料三天后,老人忧愁地说:"通货膨胀减少了我的收入,从明天起,只能给你们每人五毛钱了。"年轻人显得不大开心,但还是接受了老人的条件。他们每天继续去踢垃圾桶。一周后,老人又对他们说:"最近没有收到养老金支票,对不起,每天只能给两毛了。"

"两毛钱?"一个年轻人脸色发青,"我们才不会为了区区两毛钱浪费宝贵的时间在这里表演呢,不干了!"

从此以后,老人又过上了安静的日子。

案例点评:

表达需要创造性思维。也许如果对年轻人只用强制性的命令,他们反而会更加猖狂。采用这样的一种方式,既给足了他们面子,又能使事情的结果向着自己的意愿发展。所以,表达也是一种艺术。

案例三 面试的结果

英格丽·褒曼18岁的时候,梦想在戏剧界成名。但是,她的监护人奥图叔叔却要她当一名售货员或者什么人的秘书。为此两人争执不下,奥图叔叔答应给她一次参加皇家戏剧学校考试的机会,如果考不上的话就必须服从他的安排。为了能考上皇家戏剧学校,英格丽·褒曼还颇费了一番心思。一方面,她为自己精心准备了一个小品,表演一个快乐的农家少女,逗弄一个农村小伙子。她反复认真地排练这个小品。另一方面,在考试的前几天,她给皇家剧院寄去一个棕色的信封,如果失败了,棕色信封就退回来,如果通过了,就给她寄来一个白色信封,告诉她下次考试的日期。考试的时候,英格丽·褒曼跑两步在空中一跳就到了舞台的正中,欢乐地大笑,接着说出第一句台词。这时,她很快地瞥了评判员一眼,惊奇地发现评判员们正在聊天,相互大声谈论着,并且比划着。见此情景,英格丽·褒曼非常失望,连台词也忘掉了。她还听到裁判团主席对她说:"停止吧! 谢谢你……小姐,下一个,下一个请开始。"英格丽·褒曼听到这话后彻底失望了,她好像什么人也看不见、什么话也听不见,在舞台上待了30秒就匆匆下台了。她感到自己唯一能做的事就是去投河自杀。她站在河边,准备结束自己的生命,当她的目光投到河面上时,发现水是暗黑色的,发着油光,肮脏得很。此时她猛然想到的是,等她死了以后,别人把她拖上岸后身上会沾满脏东西,还得咽下那些脏水。她又犹豫了:"唔! 这样不行。"于是就放弃了自杀的念头,回家去了。第二天,有人给她送去了白信封。白信封? 她有了白信封。她真的拿到了被录取的白信封。多年后,已成为明星的英格丽·褒曼碰见了那位评判员。闲聊之际,便问道:"请告诉我,为什么在初试时你们对我那么不好,就因为你们那么不喜欢我,我曾经想去自杀。""不喜欢你?"那位评判员瞪大眼睛望着她,"亲爱的姑娘,你真是疯了! 就在你从舞台侧翼跳出来,一来到舞台上的那个瞬间,而且站在那儿向着我们笑,我们就转身彼此互相说着:'好了,她被选中了,看看她是多么自信! 看看她的台风! 我们不需要再浪费一秒钟了,还有十几个人要测试呐! 叫下一个吧!'"

(资料来源:百度百科 http://baike.baidu.com)

案例点评:

也许我们感叹主人公的幸运,但是我们很多时候也一样被自己的偏见所负累而误了大事。从另一个角度来讲,一个人拥有自己的梦想并永不放弃是多么的重要。许多人一旦遇到困难或挫折,首先放弃的往往总是梦想,并失去一切获得成功的机会。只要有梦想,就会激发你无限的力量,让你与成功越来越近。

案例四　你是石头,还是黄金,还是钻石

有一个小沙弥告诉老和尚:"师父、师父,我们已经没有盘缠了,怎么办?"老和尚听了,在路边随便捡起一颗石头,告诉小沙弥:"你把这颗石头拿到菜市场,记得喔,无论人家喊多高的价格,都不能卖。"小沙弥半信半疑地将石头拿到菜市场中央,来往的人看了觉得很奇怪,纷纷围观,议论着这颗石头有什么特别之处。这时,一个好奇的人跳出来,他说:"我出10块钱。""不卖。"小沙弥摇头。"15块。"另一个人出价。"不卖。"因为看到小沙弥一直不卖,更激发了人们的好奇心,大家一路喊价,竟然喊到了100块。小沙弥忍不住了,他非常想把石头卖掉,却又挂念着师父的话,只好拿起石头跑回去找师父,并告诉师父这个消息。"你明天再将这颗石头拿到黄金市场,记得喔,还是跟今天一样,只能让人家喊价,不能卖。"师父说。

第二天,小沙弥带着石头到黄金市场,果然和昨天一样,吸引了一堆围观者。"1000块!""不卖。""3000块!""不卖。""1万块!""不……卖。"听到石头被喊价到1万块,小沙弥又受不了了,他带着石头回去找师父。"师父,这颗石头已经从不值钱变成1万块的身价了,为什么你就是不卖?"小沙弥好奇地问。师父没有回答,只是告诉小沙弥:"明天,你带着石头到珠宝市场,记得喔,无论人们如何喊价,这颗石头还是不能卖。"

第三天,小沙弥又乖乖地按照师父的话,捧着石头放在珠宝市场的橱窗内。和前两天一样,好奇的围观者越来越多。大家都议论纷纷,这颗石头那么大,里面的宝石一定也是价值连城。

于是……"10万。"有人开口了。"不卖。"小沙弥摇头。"30万。""不卖。""50万。""不卖。""100万。""不……卖。"听到石头被喊价到100万,小沙弥又受不了了,他急忙回去找师父,告诉师父这个不可思议的消息。"奇怪了,这明明只是一颗普通的石头,为什么竟然有人会出100万来买?"

师父听了,只是淡淡地说:"我告诉你,当它被放在菜市场的时候,就只有菜市场的价钱;当它被放在黄金市场的时候,就有了黄金的价钱;当它被放在珠宝市场的时候,就是价值连城。"

(资料来源:庄秀凤.让客户喜欢你就对了.北京:机械工业出版社,2009)

案例点评：

为什么一块普通石头能卖出天价？也许这个案例首先让人联想到现实版的"赌石"。但实际上，每个人都能从中得出自己的感悟。也许并不是所有人认为自己能做到怎么样，就可以成为怎样的人。但是，如果你有目标，并能挖掘自己的潜力，把自己定位为不平凡的时候，往往你能朝着自己的方向努力，案例告诉我们人们需要对自己有一个正确的评价，要有一个可供努力获得成功的方向。

案例五　如家掌门人孙坚的幸福生活

如家酒店集团创立于 2002 年，2006 年 10 月在美国纳斯达克上市，是中国酒店业海外上市第一股。如家酒店集团旗下拥有如家快捷酒店、和颐酒店两大品牌，现已在全国 30 多个省和直辖市覆盖 100 多座主要城市，拥有连锁酒店 500 多家，是中国发展最快、开业酒店数目最多的经济型连锁品牌。如家提倡的"适度生活、自然自在"，提供标准化、干净、温馨、舒适、贴心的酒店住宿产品，是对现代生活方式的全新演绎。作为行业标杆企业，如家正用实际行动引领着中国大众住宿业酒店市场走向成熟和完善。

如家的掌门人孙坚是怎样带领自己的团队做出如此卓越的成绩的呢？他经历了怎样的人生？让我们走进孙坚的生活。

1987 年毕业于上海医科大学卫生管理专业的孙坚，1989 年赴澳学习市场营销课程并一直从事零售商业工作。出国的那段日子，他过得很艰苦。"就是没什么钱。"他说，澳洲的牛奶便宜，自己甚至把牛奶当成水喝，以至于现在看到牛奶就倒胃口。

1997 年回国后加入泰国正大集团旗下易初莲花超市有限公司任市场部总经理，2000 年又加盟英国翠丰集团下属 B&Q 百安居（中国）任中国区市场副总裁，之后任中国区运营副总裁兼华东地区总裁。

这些经历给了孙坚开阔的视野和国际化的思维方式。他表示，做了十年的职业经理人，自己学到了很多西方的管理方式，理念上的东西也是受益终身的。而他最看重的理念是，工作是为了生活，要愉快地生活、有效率地工作。

孙坚举例说，自己和外国星级酒店的老总在一起时，大家会说说有什么业余生活，外国人说看话剧、听歌剧、看博览会等；中国人则说工作、工作，还是工作。他也一直试图在工作和生活之间找到一个好的平衡点，以享受工作和生活带来的乐趣。比如，他每年都会去度假。但当他去张家界和当地的领导会谈时，早上飞机到，中午见了面，下午就飞走了。当地的领导很诧异，因为来到张家界的人都会预留 1～2 天的时间来参观美景，但孙坚却认为"工作就是工作。"

孙坚于 2005 年 1 月起加入如家酒店连锁任 CEO，带领如家从酒店规模不到 50 家发展到目前的 160 多家，成为中国开业酒店数最多的经济型连锁酒店品牌。孙坚觉得是自己的三个方面吸引了新东家。第一是做连锁的经验。虽然他之前并不了解酒店业，但"如家"的发展方式是连锁经营，而他恰恰深谙此道；第二是无论是做零售业还是酒店业都是服务业，都要让顾客满意。显然，他在服务行业做得还是不错的；第三是他比较有人缘。"服务业的管理除了标准以外还要有润滑剂，要有人性化的东西来做。"

项目 10　成功导向训练——团队展示

孙坚上任后做的第一件事情,便是制作企业模型,因为"连锁业就是重复复制你的企业"。他对如家的组织结构做出战略性的调整——整体上形成一个支持中心和四个经营中心。在孙坚理想的管理标准化状态下,支持中心将担负起一系列重要职责:它要负责制订全国的战略计划、服务标准和操作流程;搭建连锁企业必需的中央集权系统,比如信息平台、营销系统、采购系统、工程控制、财务管理等;还要负责不断监督每一个地区酒店的执行力度,来保证整个如家酒店连锁管理的一致性。同时,为了保证每家店的品质,如家建立了严格的"培训考核系统"和"质量监督系统"。公司会明访加暗访甚至故意伪装成客户刁难员工,找员工吵架,就是要看看员工的素质。公司还会定期组织员工培训、考试,从基层员工到管理层都要经过考试。

如家面临的竞争也是非常激烈的,内有锦江之星、莫泰168、广州7天酒店连锁等,外有法国雅高的Ibis和美国Super 8的包围,如家想要提供的是干净、温馨的有品牌保证的服务。针对如家的消费主体——商务人士,孙坚认为"要有所为有所不为",如家没有门童、没有桑拿、没有KTV,但有免费上网、叫醒服务等适合商务人士的实用服务。"我们是二星级的价钱,三星级的棉织品,四星级的床。"他总结说。

孙坚绝对可以称得上是一个慈父。工作之外,绝大部分时间他都和家人在一起。尤其是提起6岁的女儿,立刻眉里眼里全是笑。他比较喜欢安静的生活,看大海、看下雨都是他喜欢的休闲方式。"那个时候头脑中一片空白,很放松,很享受。"

同样,孙坚也享受着和家人在一起的每一分钟。只要在上海,他就坚持每天早上和女儿一起在她的小桌子上吃早餐,再送女儿去上学。之前没有这么忙的时候,女儿放学也是他亲自去接的。

孙坚还喜欢和女儿一起玩,女儿玩什么他玩什么,比如扔乒乓球、下飞行棋、跳舞。

"我是有野心的",孙坚说:"想在玩的过程中影响她。"他认为中国的教育体制是存在问题的,小孩子不知道什么是正确的理念,等明白的时候就很难更改了。所以,孙坚希望用自己坦然的言行、快乐的心情和正确的态度去引导女儿。"人与人之间能力差别不是很大,关键是态度。"

案例点评:

任何人都不会随随便便成功,孙坚也不例外。成功是一个不断学习、不断成长的过程,要有梦想,要有决心,要有行动。概括来讲,用心工作,那是成功的根本;用心思考,那是力量的根本;用心生活,那是智慧的根本;用心平衡你的工作与生活,那是做人的乐趣。

 # 项目体验

体验一 学会自评

任何比赛或竞争,都要熟悉规则,根据要求才可以做针对性的准备,也就是把事情朝着目标方向努力。以下是一张案例大赛的评分表,请总结出比赛考核的内容,并对比自己的作品,以表10-4为样表根据表中"评分指标"进行自检并打分。

表 10-4　2009×××大学管理案例大赛评分表

参赛队名称:学院	评分等级					得分
评分指标	好	较好	一般	较差	差	
对案例中的问题归纳及产生问题的原因分析、分析步骤(提示:表述的切入点是否准确,原因分析是否符合逻辑,是否具有一定的深度,是否用到相应的管理工具等)占35分	35~28	27~21	20~15	14~8	7~1	
是否提出有针对性的具体解决方案(提示:方案及实施步骤是否可行,是否具有针对性而非"万金油"式的方案等)占40分	40~32	31~26	25~19	18~11	10~1	
团队合作能力(成员间是否分工明确,各具特点,互补且默契)占10分	10~9	8~7	6~5	4~3	2~1	
现场演示与口才、现场应变能力占10分	10~9	8~7	6~5	4~3	2~1	
PPT制作水准占5分	5	4	3	2	1	
总　　计						

评委评语:

体验二　演示小细节

参加幻灯片演示,细节决定成败。请从以下细节开始做吧!

(1)10-20-30准则。一次PPT演讲不能超过10张幻灯片,总长不能超过20分钟,幻灯片的字体要大于30号。

(2)放慢语速。不要让过快的语速暴露出你的紧张或者没经验。

(3)抬起头,要和所有听众进行目光交流。

(4)概括性的词句。用简洁的词句概括你要表达的内容,并熟记它。

(5)大声说出你的想法。演讲中最忌讳的就是观众听不清演讲者讲什么。

(6)不要事先计划用什么手势。

(7)学会赞扬。当评委提出任何问题的时候,你可以说"刚才这个问题提得很好",或是"我很高兴您提出了这个问题"。并留给自己一点准备回答的时间。

(8)提早到会场。要提早到达演讲地点,熟悉一下房间情况,检查一下幻灯片和投影设备,确保不会出现任何异常情况。

(9)让人听到你的热情。对每一个演讲都要积极投入你的热情。

体验三　爬山与工作

小宋是名牌大学的毕业生,分配到一个国有企业当小职员,心高气傲的小宋觉得如果每天这样做,何时才能实现自己远大的理想,他觉得自己被埋没了,每天上班唉声叹气,抱怨连连。

突然有一天,他决定改变自己,并宣布准备利用双休日去爬一座3000多米的山。

周一早上,他踏着轻快的步伐进入办公室,逢人便说爬山的经历,沿途美妙的风景以及登峰一刹那的快感让他感觉到人生的价值。但他讲完后突然发现置身在办公室中,就跌坐在椅子上说:"哎呀,又该上班了。"

这时,一个同事问:"上班和爬山哪个更消耗体力?"

"当然是爬山,我脚都磨破了,现在腰还酸痛。"

同事又问:"为什么爬山那么累,你却兴高采烈,而面对轻闲的工作却唉声叹气呢? 你能不能把工作当成爬另一座山,工作的变化就是风景的变化,工作的完成就是登峰的快感?"

问题一:你怎样看待小宋同事的对比?

_____

_____

_____

问题二:你觉得小宋应该怎样积极调整自己的心态? 请给他出出招。

_____

_____

_____

_____

体验四　生活智慧

以下是几则生活中的小故事,看看你从中能收获些什么。

1. 冰激凌

一个小男孩很高兴地吃着冰激凌,一不小心,心爱的冰激凌掉到地上,面对不可再食用的美味甜点,小男孩伤心极了。

这个时候,你怎么想? _____

你又会怎么做? _____

一个老太太走过来,对小男孩说:"既然碰到这么糟糕的事情,已经无法回头。那么,不妨脱下鞋子,我给你看一件有意思的事情!"

请你大胆想象,掉地上的冰激凌还可以做什么有趣的事情? _____

_____

老太太说:"用脚踩冰激凌,重重地踩,看冰激凌从你脚趾缝隙中冒出来。"

你做过类似的事情吗? 想想看:_____

_____

老太太说:"我敢打赌,这里没有一个小孩尝过脚踩冰激凌的滋味! 现在跑回家,把这有趣的经验告诉你妈妈和小伙伴们"。

为什么要告诉他妈妈和小伙伴呢？_____

_____

请回顾你的经历，是不是也有"化腐朽为神奇"的事件：

_____

_____

_____

2. 飞机失事时

在一万多米的高空，一架飞机出了故障，播音器向广大乘客如实告知情况，希望大家做好一切可能的准备。

如果你是其中的一员，你会做哪些准备？_____

_____

_____

_____

机舱里顿时乱作一团，所有的人都被这一紧急情况惊呆了，连一向持重、超脱的牧师也惊慌失措。整个机舱只有一位老太太正安详地闭目养神，毫不惊恐。

你觉得，老太太在干什么，在想什么才会如此安宁？_____

_____

_____

_____

幸好，飞机后来安全降落了。

是不是觉得很有戏剧性，但确实是安全着落，你此时怎么想？_____

_____

_____

牧师非常想知道老太太为什么可以这么镇定，于是他向老太太请教。老太太的回答非常简单：我有两个女儿，大女儿两年前去世了，二女儿在得克萨斯，今天我是去她那儿。当时飞机要失事时，我就想："如果不失事，我就去看二女儿，如果失事，那就去看大女儿，我总能看到一个女儿。"

你此时的感受是：_____

_____

_____

_____

_____

_____

心灵小语

人生如行路，

我年轻，我渴望上路，

我们一直在路上。

实训日志

项目 10　实训日志如表 10-5 所示。

表 10-5　实训日志

日期		天气	
主要实训内容：			
体会与感想：			
努力方向：			

参考文献

[1] (美)安德鲁·杜布林(ANDREVV J. DUBRIN). 职业心理学[M]. 姚翔等译. 北京:中国轻工业出版社,2009.

[2] 肖永春,齐亚丽. 成功心理素质训练[M]. 上海:复旦大学出版社,2004.

[3] 陈社育. 大学生职业心理辅导[M]. 北京:北京出版社,2003.

[4] 吴文军,曾长霞. 大学生职业生涯规划与就业指导[M]. 北京:清华大学出版社,2009.

[5] 王健. 超越性思维[M]. 上海:复旦大学出版社,2005.

[6] 叶林菊. 心理素质的养成与能力训练[M]. 天津:南开大学出版社,2009.

[7] 王宇. 头狼全集——从弱到强的狼性生存法则[M]. 北京:中国物资出版社,2008.

[8] 肖培耻. 组织行为学[M]. 北京:冶金工业出版社,2008.

[9] 李志敏. 经典语言的突破[M]. 呼和浩特:远方出版社,2007.

[10] 郎爱民. 顶尖销售的144个智慧故事[M]. 呼和浩特:远方出版社,2007.

[11] (美)斯蒂芬·P.罗宾斯(Stephen P. Robbins). 管理学[M]. 第9版. 孙健敏译. 北京:中国人民大学出版社,2008.

[12] 武齐. 大比稿[M]. 北京:机械工业出版社,2005.

[13] 国家职业资格培训教程心理咨询师编审委员会. 心理咨询师(三级)[M]. 北京:民族出版社,2005.

[14] 李国文. 推销实训[M]. 大连:东北财经大学出版社,2008.

[15] 张大均,余林. 职业心理素质及培训[J]. 重庆职业技术学院学报(综合版),2003(4).

[16] 南洪吉. 浅谈大学生职业心理素质的培养[J]. 吉林省经管干部学院学报,2005(8).

[17] 彭移风. 大学生营销职业心理素质训练与效果研究[J]. 无锡商业职业技术学院学报,2005(2).